強化大腦、穩定情緒，運動就是最佳解方！

- 圖解 **120** 個 **2~6** 歲幼兒分齡動作遊戲
- 培養 **3** 大基本動作技能，養成好體力

愛運動的 孩子更聰明！

臺北市立大學體育學系教授　**王宗騰**　著

U0131434

信誼

運動，牽動孩子的全人發展

擁有健康的身體，是孩子呱呱墜地時，父母最真摯的盼望，然而孩子開始爬、走、跑，學著用他的肢體探索世界時，有太多期盼孩子靜下來好好學習的事，有時反而讓父母忽略了動的重要。好好動不僅是健康生活的要素，諸多研究證實，身體動作能力更牽動了孩子在認知、社會情緒相關發展；身體健康與孩子的認知執行功能有關，而執行功能會影響孩子的學習表現，充足的運動更能幫助孩子紓解情緒，增強自我控制能力。孩子體能好，情緒調節、學習表現都更好。

信誼長期致力於關懷幼兒身心發展，在信誼2023年進行2~6歲幼兒身體動作能力大調查中，來自8,500份爸媽老師的數據分析中發現，父母角色是幼兒身體動作能力的重要助力，父母越積極參與、鼓勵，孩子身體動作能力越好；如果自身擁有運動的習慣，孩子的身體動作能力也相對有更好表現。父母雖然認同運動帶來的種種助益，礙於生活忙碌，不一定能身體力行。即使有心，要如何帶著孩子一起好好動呢？到戶外走走是很好的休閒活動，但從幼兒運動的觀點，自由活動並不等於有效運動，這便是催生這一本書的初衷。

信誼希望能幫助家長和老師對幼兒身體動作能力有更完整的認識，更掌握到促進孩子身體動作能力的方法與策略。這一本《愛運動的孩子更聰明！》彙集了觀念、態度到方法，讓家長、老師和所有照顧者對幼兒運動有更多的瞭解，並且可以運用書中的觀念與活動，陪伴孩子一起遊戲，提升孩子各項身體動作能力，為身心發展打底。

這一本書分為三個章節，從身體動作的發展和需要具備的基本動作能力著手，釐清父母與老師可以掌握的發展能力。書中也提供涵蓋各項動作技巧的兩階段分齡實例活動導引，幫助父母、老師可以針對不同年齡層的孩子以徒手或運用生活中的簡易物

品與道具，在遊戲中強健孩子的體能。除了觀念與實作，更自信誼好好育兒網站及幼教現場，彙集最常見的動作問題，提供切中需求的因應策略，讓有疑問的父母、老師不必身陷擔憂。

　　作者王宗騰教授長期與信誼合作，共同著力於幼兒運動的推廣，王老師不僅是觀念的推廣者，更是實踐者。除了大學任教，他持續在幼兒園帶領孩子進行身體遊戲，針對幼兒園進行輔導與研習；也擔任信誼好好育兒網站諮詢顧問、協力指導親子活動。這些多重的角色，皆是為了提升孩子的體能，為孩子奠定好的發展基礎。信誼誠摯的盼望這一本融合動作發展觀念、實作經驗、解答困惑的書籍，能幫助父母與老師瞭解孩子的身體動作發展，在日常生活中創造孩子體能活動的機會，提供照顧者有力的支持與動力，平時多和孩子一起動一動，除了培養基本動作能力，更享受運動帶來的愉悅，共創生活的樂趣。

 信誼基金會 謹誌

體會探索身體能力的樂趣，建立自信！

面對高齡化與少子化的臺灣社會，「兒童是未來國家的主人翁」已不僅僅是口號，更是我們迫切需要實踐的目標。在未來高壓的生活環境中，讓孩子從小培養足夠的體力、腦力和情緒力，絕對是送給他們最好的禮物！

身體活動所帶來的益處眾所周知，對於幼兒而言，同樣值得照顧者關注的是他們「基本動作技能」的發展。在信誼2023年度針對2～6歲幼兒身體動作能力大調查中，有逾8成的父母認同運動對身體、認知和情感的正面效益，而且家長的態度越積極正面，孩子在動作發展方面表現更好！

然而，臺灣5～17歲兒少的身體活動量卻在國際評比中敬陪末座，遠低於世界衛生組織的每日身體活動建議。國外研究指出，有規律從事運動的父母，其孩子的身體活動量相較於沒有規律運動之雙親的孩子，有5.8倍之多。由此可見，孩子的運動參與除了需要父母的「支持」，更需要父母的「陪伴」，並成為孩子的「模範」。如同作者提到的身體教育「3要素、2原則」，在孩子學習動作技能時，給予溫暖的情感支持與「鼓勵」，父母在旁陪伴輔以動作上的「引導」，並提供孩子多元的「練習」機會，即所謂「3要素」。

孩子在運動時難免會遇到難以上手的動作技能，爸爸媽媽可以透過拆解動作元素來「調整難易度」，例如，練習接球動作時，先以滾地球訓練孩子的視覺追蹤和攔截技巧，再進一步到平飛球與高飛球，讓孩子可以「循序漸進的學習」，即所謂「2原則」。除此之外，在運動之初，應避免僅以行為結果判別孩子動作能力的學習成就，而是從培養孩子對運動的「正向情緒」開始，讓他們體會探索身體能力的樂趣，才更能讓孩子保有動機和信心，在未來的人生樂於運動！

本書以系統化的方式，從知識建立、實務應用，再到QA解惑，編排得引人入勝。首先，第一部分以深入淺出的口吻，建立讀者對「基本動作技能」的認識，包括穩定性、移動性與操作性動作技能。接著，根據幼兒的階段發展特徵，結合「運動」、「認知」、「情意」等3大學習面向，精心彙整了20個主題120個遊戲。每個遊戲不僅提供多種複雜度和難易度的層次，讓孩子能持續挑戰自我，還充滿了創新與想像，讓運動過程中增添樂趣。最後，結合作者在幼兒體育教學耕耘35年的經驗，全面解答家長和老師常見的問題，是值得一看再看的寶貴工具書！

　　這本書以其系統性的結構和豐富的內容，旨在幫助讀者從知識到實踐，全面提升對兒童身體活動的理解和應用。不僅適合老師和家長，也是照顧者們必備的指南。讓我們一起為孩子們的未來與身心健康而努力吧！

洪聰敏

臺灣師範大學體育與運動科學系研究講座教授

每天30分鐘，
和孩子一起動起來！

世界衛生組織建議，對兒童來說，每天進行至少60分鐘中等至劇烈強度的體能活動，對健康有更大益處。其實我們都知道體能活動對一個人的身心發展至為重要，尤其是對於人之初、正值大腦及身體動作突飛猛進發展中的學前孩子，但知道卻未必能做到。相較於歐美、澳洲幼教法規明定每日至少提供幼兒1～2小時的戶外活動時間，臺灣規定幼兒每日戶外大肌肉活動的30分鐘明顯不足。

依據2023信誼基金會的問卷調查，幼兒園老師們認為疫情後臺灣2~6歲幼兒的體力與整體身體動作能力表現明顯下降，連帶影響幼兒的身心發展及學習狀態。而幼兒園大肌肉活動的實施卻面臨資源不足的問題，有7成幼師認為課程設計參考資料不足，顯示幼師迫切需要更多的專業支持與協助。

我與本書作者王宗騰教授相識超過30年，他是我們臺灣極少數的幼兒體能專家，其研究熱情與推廣行動始終不變，這本書可說是植基於幼兒體能的理論基礎，累積他30多年的研究及實務經驗，提取出適合本土幼兒進行大肌肉活動的專業智慧，所以很適合作為幼教師資職前培育及在職進修的用書，也值得臺灣每一所幼兒園收藏，作為幼師大肌肉活動設計與實施的參考。

本書涵蓋三大面向：基本理念、活動設計及QA，也統整了幼兒發展、幼兒體能與幼兒課程教學三方面的專業知能，三大特點歸納如下：

一.**融入體育的基本專業知能**，包括穩定性、移動性及操作性動作的定義與健康體適能、競技體適能的基本概念；如何設計不同動作類別的活動，如何看待和分析幼兒身體動作表現，以及幼兒在身體活動中常出現的問題該如何處理。

二.**呼應幼兒園教保活動課程大綱的理念**，活動內容結合學前幼兒熟悉的主題，例如：動物、交通工具等，所使用的簡易器材也都是幼兒園常見且易於取得，例如：呼拉圈、繩子、鈴鼓、球等，幫助幼師理解每項活動設計所對應之適切的課程目標。

三.**符合學前2～6歲幼兒的身體動作發展需求**，活動設計有難易層次性，掌握幼兒身體動作發展的進程，讓幼兒建立好穩定性、移動性、操作性的基本身體動作技能，並透過各式活動逐步促進幼兒發展健康體適能、競技體適能、認知與情意能力。

　　除此之外，本書圖文並茂，易於閱讀，加上有QA專章，能幫助讀者解惑，因此我強力推薦不擅長大肌肉活動的幼兒園老師要多多參考及應用本書，好好帶領孩子落實每天至少30分鐘的大肌肉活動，當然如果能另外再加上30分鐘讓幼兒在戶外自由遊戲更好！本書對於非幼教或體育專業、很關心自己孩子身心健康的父母或照顧者而言，也非常適合參考。期望本書能作為幼師與家長的好幫手，運用本書的活動設計，每日都能跟幼兒一起動動動、動起來，也讓大人和幼兒的身心都一起跟著健康起來！

林佩蓉

臺北市立大學幼兒教育學系副教授

做孩子健康路上的引路人

人生的際遇，往往充滿了許多的意外與驚喜。我是王老師，而啟發觸動我投入幼兒體育課程推廣工作的貴人，也是王老師。一位是我的恩師王健次老師；一位是我的父親王富雄老師，他們是我的恩師、貴人，也是我在幼兒運動推廣的引路人。

在我大學時期，修習了一門我的恩師王健次老師所開設的幼兒體育課程，開啟我接觸幼兒體育的契機。在課程中，畢業的學長與學姊，總是能用簡單的器材、有趣的教學過程，帶領孩子們投入體能遊戲中，讓身為學生的我深深被活動的趣味性及孩子的笑容所感動。然而身高超過190公分的我，當時仍覺得孩子與我是兩條平行線，我猜想，幼兒園的孩子看到巨人出現時，應該只會嚇到嚎啕大哭或轉身逃跑，這都不會是幼兒園老師或我所樂見的。

有一天王老師在系辦看到了我，詢問我有沒有興趣從事幼兒體育教學，當時的我經驗貧乏、對幼兒體育望之卻步，但是王老師馬上鼓勵我「你不是有修幼兒體育課程嗎？那一定沒問題！」並馬上給了我電話聯繫幼兒園。還記得在第一次上課面對孩子前的緊張與不安，在騎車前往幼兒園的途中，停紅綠燈時，戴著耳機不斷比劃著律動動作，周邊的駕駛紛紛投以異樣的眼光。直到踏入教室放出音樂帶著孩子律動和遊戲，看到孩子們的笑容，一切的猜疑、不安、緊張都一掃而空，孩子不但沒有哭或逃跑，相反的，他們非常喜歡和投入。就這樣因緣際會之下，開始我從事與幼兒體育相關的教學工作。

如今我從事幼兒體育教學與推廣超過35年，其中，有30年的工作時光和信誼基金會交疊，這也歸因於我的另一位恩師，同時也是我的父親王富雄老師。我的父親同樣也從事體育運動教學，我有好的身體條件和體育知識、甚至能與信誼展開合作，都得感謝我的父親。民國76年，信誼為了推廣「發現學習」幼教理念舉辦一系列有關幼兒

體育教學的工作坊，他即在其中擔任講師，並邀請我一起加入，協同教學中豐沛我的羽翼，充實我的專業，更與信誼建立了漫長的合作情誼。

作為一名幼兒運動推廣者，我一直致力於提升老師和家長對幼兒運動的認識和重視。除了透過在幼兒園現場身體力行的帶領與輔導老師，在與信誼合作之下，我也為信誼《學前教育雜誌》撰寫專欄、在網路「專家駐站單元」解答父母有關幼兒動作發展的相關問題、協力研發出適合幼兒園的組合式體能遊具、進行師訓、演講、擔任顧問等等。信誼就像是我在從事幼兒體育工作上的推手，讓我有機會為更多的家長、老師們提供更多的支持。

這本書的完成，首先要感謝信誼的大家長張杏如張董事長一路的扶持與鼓勵，讓這本書有機會能夠出版。接著要感謝信誼的合作夥伴們：瑞文、才婷、宜芸、昭吟等，沒有大家的焚膏繼晷、辛勤努力，這本書是沒辦法完成的。希望這本書能為對幼兒身體動作發展有興趣、想增進孩子良好體能卻苦無良方者，提供一個完整且充實的參考資源庫。更希望所有的家長及老師能藉由這本書的發行，讓孩子有更多活動身體的機會、創造更多運動所帶來的快樂與歡笑，你也可以成為孩子健康路上的引路人。

謹以此書，獻給一路在教學路上幫助我的兩位王老師！

王宗騰

臺北市立大學體育學系教授兼系主任
新課綱身體動作與健康領域研編委員

Contents

PART 1

培養孩子的身體動作能力

PART 2
身體動一動

PART 3
幼兒身體動作常見QA

培養孩子的身體動作能力

良好的身體動作能力，不僅能促進身體健康，
也和認知、專注力各項發展息息相關，
培養孩子的基本身體動作能力，
為將來學習更多技巧性運動做好準備。

# 先能動，才能靜

回首我們的年少歲月，是否還記得和同伴們在街頭巷口嬉戲、奔跑、躲迷藏、打陀螺、跳橡皮筋的遊戲時光？又或者是在田野間找尋青蛙、攀爬矮牆、大樹的童年記憶？這些戶外遊戲不只給了我們快樂的回憶，也強健了我們的體魄。隨著時光流逝，當年巷口嬉戲的孩子漸漸成為了父母、甚至阿公阿嬤，但現在的孩子，不管是時間與空間，都很難重現我們童年時的遊戲經驗。他們鮮少有機會在戶外自由的玩耍、探索，生活慢慢被課程與3C數位產品佔據，不知不覺失去許多遊戲活動的機會，也阻礙了許多身體動作能力的發展。

坐式生活影響身心健康

在我擔任信誼好好育兒網站諮詢老師或進行其他講座的時候，許多家長與老師常提問：孩子不敢玩公園的遊戲器材，怎麼辦？孩子走沒兩步就要求要抱，怎麼辦？孩子怕高，不敢玩攀爬遊戲，怎麼辦？孩子動不動就累，沒辦法完成活動怎麼辦？當自然的挑戰和動作遊戲變成了常常被諮詢的問題，我們不得不思考，孩子整體的體能是不是出了什麼問題？或許我們心中都有答案，就是動得不足！根據信誼在2023年針對2～6歲幼兒身體動作能力現況大調查，結果發現，親子居家運動頻度與強度都不足，約有75%的孩子最常做的是「輕度活動」（活動時還可以聊天、唱歌），其次，有67%孩子最常做「靜態活動」（玩玩具、畫畫），進行中度以上活動的孩童和家長都不及半數。這樣的坐式生活不僅影響身體動作與健康，也連帶影響孩子的身心發展。

動得對，增加孩子的體能與自信

在孩子最需要透過探索來認識這個世界的成長過程時，家長和老師應該要花費心力來促進孩子各個面向的發展，尤其是身體動作，因為熟練的動作技巧可以讓孩子為自主與遊戲做好準備，孩子的許多想法，都需要透過身體動作來實現。根據學

者Thelen & Fisher提出的動態系統理論（Dynamic Systems Theory, DST），動作發展若少了適切的引導跟不斷的練習，所有的動作都可能只停留在初始的階段。在幼兒階段增加身體的活動量，養成幼兒運動的習慣相對重要，透過身體與動作技能的活動或遊戲，可以加強孩子對身體掌控的技巧與信心，更可增加孩子體適能的表現。

動得足，孩子更能靜下來學習

諸多研究證實，運動不僅僅和身體動作發展有關，更能維持專注力、促進社會互動與情緒發展，並有助於認知發展和活化大腦。運動還能促進血清素、正腎上腺素、多巴胺的分泌。多巴胺是正向的情緒物質，血清素和我們的情緒、記憶有直接的關聯，而正腎上腺素則是與注意力有直接的關係。當孩子動得不夠，很容易產生其他身心發展、注意力不集中等問題，也就是說，要先能動，孩子才能靜得下來，由此可知運動的重要性。如果能夠讓孩子有機會多多接觸運動，不僅能讓孩子保持快樂的心情，維持強健的體格，同時也有助於靜態的知能學習。

在知道讓孩子動起來的重要性之後，身為孩子的家長或老師，更需要創造環境，提供孩子經驗與學習的機會，幫助孩子循序漸進儲備身體動作能力。信誼的身體動作能力調查中也發現，當父母具有運動習慣，支持並鼓勵孩子運動，其孩子的身體動作能力也會呈現更好的表現。期望每一位家長和老師都能當個知者與行者，和孩子一起快樂的運動！

為孩子的體能打底

──提升3大基本動作技能

　　擁有好的動作能力，是幼兒透過身體勇敢探索世界的開始。除了嬰兒時期翻身、爬行、站立、行走……這些生理發展上的成熟，孩子隨著成長，更需要掌握身體動作技能，迎接成長歷程的各項挑戰。在孩子身體動作發展的時期，透過大人的鼓勵，可以幫助孩子逐步練習與掌握這些技巧，建立正向的經驗，讓身體更靈活。也因此，大人首先要知道哪些是幼兒發展階段重要的動作技能，才能進一步陪伴與幫助孩子。

幼兒階段強調動作發展

　　一般說的「體適能」指的是一個人的體能狀態，包含肌力、肌耐力、心肺耐力、柔軟度以及身體組成（Body Composition），但在幼兒階段應著重順應發展養成各項「動作技能」（motor skills），在提升動作技能的過程中，逐步強健體適能。「動作技能」是能夠做出正確、平順、協調良好的身體動作，如：蹲、跑、踢球等。動作技能的提升是循序漸進的，根據發展的理論，幼兒的動作發展是有階段性的，依循「從頭到腳」、「從軀幹到四肢」、「從粗大到精細」的順序。

　　以接球的動作而言，4歲的孩子可以接住一個緩速的大球，但他們並不僅僅用手掌來控制球，而必須用兩隻看起來十分僵硬的手臂來輔助接球。到了5歲，孩子在接球時，會在球落入手臂前試圖用手去接觸球，但由於判定接球的時間並不精確，以及雙手的不協調，他們仍會利用上半身將球穩定住。6歲的孩子在接球時，漸漸會以呈杯子狀的手掌較成熟的接球，並利用手臂及雙手的力量，吸收球速，順利將球握在手掌中。

提升穩定性、移動性、操作性3大基本動作技能

　　和拼組積木的概念極為類似，基本動作技能就像積木的不同零件，當所有零件都準備無缺時，一組合便能夠完成某種模型，換句話說，自然也能較順利的完成某一項運動技能。以「跑動接一顆滾動的小球」為例，其中涉及了跑、彎、蹲、接的基本動作技能。因此，大人希望孩子動得好，就得幫助孩子做好打底的功夫，提升三大基本動作技能。

　　根據美國學者Gallahue的觀點，基本動作技能對於學齡前的孩子來說非常的重要，這三大基本動作技能，包含以下各項動作：

穩定性動作

身體能在定點做出動作或達成平衡的能力。包含：
揮動、擺動、彎曲、伸展、蹲、捲曲、扭轉、支撐、旋轉、
靜態平衡與動態平衡等動作。

移動性動作

身體以水平或垂直方向移動的能力。包含：
走、併步（側併步／前併步）、跑、跨跳、跳（雙足／單足）、
爬（鑽／攀爬）、滾、踏跳等動作。

操作性動作

身體透過物品（如：球、繩、棒等）可以做出來的動作表現。包含：
投（擲／拋／丟）、滾（球）、舉球（拍擊）、踢、接、
運球、盤球、打擊、高踢、懸吊等動作。

以上三大類皆屬於基本動作技能。幼兒約從1～2歲開始持續發展前兩項技能，隨著年齡的增加，生理發展日漸成熟，動作技巧也表現得越來越好。相較於穩定性與移動性動作技能，操作性動作技能發展較慢，也較為困難，可以透過經驗和學習，來幫助孩子熟悉與強化。各種動作技能的發展不僅要掌握時間、空間，協調不同的肌肉、關節，還需要手腦並用；身體動作要表現得純熟、一致，必須靠知覺與動作充分調和。孩子在練習身體動作的過程中，不但體力慢慢增強，身體的穩定性、移動性和操作性動作技能都更精進，連情緒、人際互動和認知學習能力也能一起提升，變得更有自信。

　　父母與老師可以從日常生活中提供孩子練習的機會，累積經驗來精進動作。帶孩子外出時，也可以透過多元的體能遊戲增加孩子進行各項動作的機會，同時給予孩子適當的提醒，提供更多練習與接觸時間，幫助孩子漸漸掌握各種動作的技巧。

運動教會孩子的事

——促進3大學習面向

　　掌握基本動作技巧是低幼孩子身體動作發展階段的重要任務，透過基本動作的掌握與精進，可以幫助孩子組合運用各項動作，發展與學習各項運動技巧。然而，幼兒運動不僅只是學習技巧，更和認知概念的學習與態度的養成有關。因為運動不僅得要知道規則與掌握動作技巧，也需要學習和他人溝通、合作，更需在過程中思考與應變，獲得運動的成就感與挫折耐受力，在汗水與有趣的身體活動中漸漸喜歡運動，這整合了多個面向的發展與學習。

領略運動的樂趣勝於學習運動技巧

　　從教育現場來看，12年國教課綱重視素養的養成，所謂素養，指的是知識、技能、態度，包含孩子能否理解、實作與感受。那麼在幼兒運動教育應該重視的是什麼呢？近年來，身體素養（physical literacy）是體育教學上，常被提到的一項核心概念。體育作為幼兒身體動作教育的延伸，素養更是不可缺少的一環。

　　如果能夠讓孩子從動態活動之中，學習到運動技能、獲得運動的相關知識，體會到運動的好處與樂趣、感受到運動所獲得的成就感與自信心、讓孩子更喜歡而且能自動自發的從事運動，這才是我們希望孩子能夠從運動中獲得的事，而非僅僅一昧的追求技巧的練習。

　　根據美國學者Gallahue所提出，兒童學習身體的運動應從三個面向來看，包含：運動面、認知面與情意面，若對應素養，可看待成技能的學習、知識的建立與態度的養成，不管是家長陪同孩子進行身體活動，或老師規劃幼兒身體活動課程時，我們應該透過身體遊戲與活動，幫助孩子建立運動的技巧、促進運動相關認知與知識學習、養成對運動正向的態度這三大面向著手，以下就進一步從這三大面向來說明。

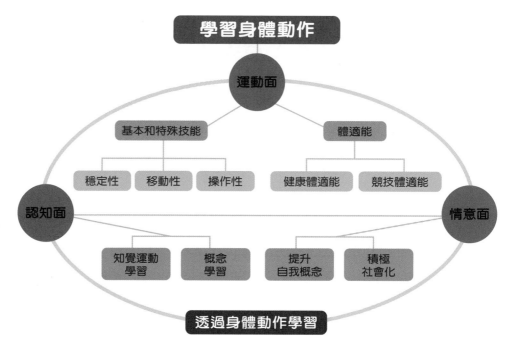

圖出自：Gallahue，《Developmental Physical Education for Today's Children》

孩子在運動面的學習

　　從運動面來看，孩子需要學習的是基本和特殊技能與體適能兩個面向。基本和特殊動作技能就像是人體的肌肉，而體適能就像是把肌肉練得很強壯一般。孩子必須先擁有肌肉，接著才能夠把肌肉練好，故應先以動作技能為本。而基本技能跟特殊動作技能又有什麼關聯呢？

●從基本動作技能出發

　　基本動作技能就像是一塊又一塊的樂高積木，而特殊動作技能就是由不同的樂高積木組合而成的物體，舉例來說，籃球的跳投需要由接、跳、投三種動作組合起來，就像使用長方形的積木（接）、正方形的積木（跳）和圓形的輪胎（投）拼成「車子」。這樣的概念在前面介紹穩定性、移動性、操作性動作技能時已經提過。如果孩子能夠藉由身體活動，學習到這些基本動作技能，對於日後表現運動相關的特殊動作技能將

會有很大的助益。例如：跳繩必須要能夠熟練的結合揮動與雙腳跳的動作，壘球必須結合跑步、彎曲身體、接與傳的動作，才能順暢的跑位傳球。基礎建立穩固之後，大樓便能夠順利建成，由此可以知道基本動作之於日後特殊動作表現的重要性。

為了幫助家長與老師理解與檢核各項動作能力，在這裡，也特別將各項動作技巧能力與動作加以描述並且整理成表1、表2、表3，幫助大人掌握穩定性、移動性、操作性這三大動作技能，進一步促進孩子各項基本動作。

基本動作技能 —— 穩定性動作

穩定性動作技能	動作說明
揮動	手做前後左右的移動。
擺動	將身體做前後左右的擺盪。
彎曲	將身體部位做前後左右的彎曲。
伸展	延伸身體某部位的肌肉。
蹲	雙腿彎曲，身體向下沉，依下沉高度又可分全蹲、半蹲。
捲曲	屈膝，將膝蓋緊貼身體。
扭轉	以腳不移動的方式轉動身體或頸部。
支撐	身體或手臂擔負重量時（如：揹著、抱著、提著或倒立），保持平衡的狀態。
旋轉	固定軸心腳，轉動自己的身體。
靜態平衡	人體在固定位置上，保持均勢的能力，例如：能平穩的單足站立或站在平衡板上。
動態平衡	人體在運動中，保持均勢的能力，例如：能平穩的走在平衡木上或彈跳於彈簧床上。

表1

基本動作技能 —— 移動性動作

移動性動作技能	動作說明
走	雙手自然前後擺動，擺動右手時，須同時踏出左腳，向前移動。
併步 （側併步／前併步）	一隻腳左右（向前）移動時，另一隻腳會跟隨移動，後移動的腳不會超越先啟動的腳。
跑	雙手手肘彎曲前後擺動，擺動右手時須同時踏出左腳，並且以雙腳離地的方式，向前快速移動。
跨跳	以一腳在前一腳在後，長時間在空中停留，並配合擺動相對應的手，進行有距離的跳躍。
跳 （雙足／單足）	屈膝蹲下後，在起跳時同時擺動雙臂，利用雙腳（單腳）做出騰空跳躍的動作，並且以雙腳（單腳）落地。
爬（鑽／攀爬）	以雙手及雙腳往水平或是垂直的方向移動。
滾	運用肢體向前或向後的捲曲移動，或是向側邊的轉動移動。
踏跳	先從前腳做一次步行的動作，再接著做一次單腳跳的動作，如此有節奏的交替而行。

表 2

基本動作技能 —— 操作性動作

操作性動作技能	動作說明
投 （擲／拋／丟）	以雙手或單手，利用過肩、由下往前或是向後下方拉弓的方式投擲物體，讓物體往指定的方向飛行。
滾（球）	以雙手或單手，利用手掌推送的方式，讓物體沿著地面向前滾動。
舉球 （拍擊）	球或物體在空中飛行時，以雙手手指指腹，改變飛行的軌跡，將物體托起（拍擊物體）的動作。
踢	將在地面的球體以腳尖或是腳內側接觸球體，讓球往指定的方向滾動。
接	以手掌接收移動而來物體的技能。
運球	以手掌控制球體，讓球反彈到地面再回到手掌的控制。
盤球	以腳的內側控制球體，讓球往固定的方向滾動。
打擊	以球棒敲擊球，讓球往指定的方向飛行。
高踢	將在空中掉落的球體以腳尖或是腳背接觸球體，讓球往指定的方向飛行。
懸吊	在沒有下方支撐的情況下，雙手抓握在上方的某個點，保持身體固定。

表 3

●逐步強化體適能

當基本動作技能跟特殊動作技能建立之後，體適能也會隨之強化。體適能的分類一般包含「健康體適能」與「競技體適能」。所謂「健康體適能」是指一個人的體能狀態，包含了肌力、肌耐力、柔軟度、心肺耐力、身體組成等五要素。而「競技體適能」是指身體從事和運動競賽有關的體適能，又稱為運動體適能，主要包含了敏捷性、協調性、反應力、速度、瞬發力、平衡感等六要素。健康體適能主要和身體健康相關；而競技體適能則是和運動技能相關。

健康體適能是維持幼兒日常生活所需的基本體能，具有良好健康體適能的孩子，精力充沛，不容易喊累，能夠行走得比較久；做激烈運動時比較不容易喘或咳嗽，身

體的柔軟度也會比較好。如果一個孩子經常生病、有氣無力，或是走幾步路就喊腳痠走不動，或是不想到戶外遊戲、成天懶洋洋的，做任何事都提不起勁來，那就表示孩子的體能狀況可能不理想，更需要透過身體活動來增強孩子的體能。

健康體適能與競技體適能可說是相輔相成，具有良好健康體適能的孩子，連帶也會增強競技體適能的各項能力，提升自己在各項運動的表現，如：在進行跑步比賽時，能夠有更好的瞬發力與速度；在進行足球遊戲時，能有較佳的協調性與盤球過人的能力，能迅速的接應隊友。因此體適能對於孩子的日常生活及進行遊戲或比賽是非常重要的，擁有良好體適能的孩子在動態活動中，表現會優於其他的孩子，得到更多成就感與自信心，也較容易受到同儕的歡迎，也因為有較佳的體力，所以更能夠持久的專注在學習的事上，而獲得較佳的學習成果。

健康體適能 5 要素

健康體適能要素	說　明
肌力	指身體某部位的肌肉或肌群在短時間內能發揮的最大力量。
肌耐力	某部位的肌肉或肌群，在從事動作時，持續反覆收縮或持久的能力。經由訓練，擁有良好肌力與肌耐力的人，比較不容易感覺疲累，日常生活之中，肌肉也比較不容易受傷。
柔軟度	指人體關節可以活動的範圍及肌肉、肌腱、韌帶延展能力。柔軟度好的人在進行彎曲、扭轉、伸展、蹲、支撐等活動時，肌肉及韌帶較不易受傷，活動比較靈活自如。
心肺耐力	指心、肺、血管及相關器官組織在維持一定強度的運動時，能持續運作的能力。心肺耐力好的人，較能持續進行長時間的身體活動，而且比較不易得到心血管疾病。
身體組成	指體內脂肪所占的百分比。體內的脂肪含量越高，越容易罹患心血管的相關疾病，如心臟病及高血壓等。現代生活常因坐式生活時間過多、3C 產品使用需求過多，而產生熱量消耗太少，脂肪囤積過多的現象，因此，減重是大多數人共同的目標。要保持身體適當的脂肪百分比，運動是最好的方式，但是除了運動之外，還需要配合均衡飲食以達到控制體重的良好效果。

表 4

競技體適能 6 要素

競技體適能要素	說　　明
敏捷性	指身體在運動中迅速改變位置和方向的能力。例如像籃球、足球、躲避球等需要急停、閃躲的運動。
協調性	指身體統合神經肌肉系統做出正確、和諧的動作能力。例如田徑的田賽項目、韻律體操、球類項目等運動都很重要。
反應力	指身體對刺激做出判斷並回應的快慢。例如面對來球做出反應、游泳聽到哨音立即出發。
速度	指身體在最短時間內移動的能力。例如田徑短距離項目、棒壘球跑壘、籃球快攻等。
瞬發力	指身體在瞬間能產生的力量。例如田徑的跳部項目、籃球搶籃板、排球的攔網等。
平衡感	指維持身體穩定的能力。例如體操的平衡木、排球的滾翻能力等。

表 5

　　上面將健康體適能與競技體適能各項要素整理成表4、表5加以說明，方便家長與老師對應與理解。因此，在低幼年齡的階段，我們會以養成健康體適能為目標，透過活動培養孩子的肌力、肌耐力與柔軟度、心肺耐力等，同時在身體活動中漸進增強競技體適能的各項能力。

　　在此也要提醒父母與老師，孩子需要的是經驗不是操練，他們不需要也不適合接受嚴格的體適能訓練，因此不要為了加強體適能而讓孩子做相同的活動、重複相同的動作或設定太遠的距離，例如：為了強化肌力一直跳躍、為了加強腹肌耐力一直做仰臥起坐、進行青蛙跳200公尺等，這些都有違讓孩子擁有正向運動經驗的原則。

孩子在認知面的學習

　　幼兒運動另一個重要的學習面向是認知面，主要可以分成兩個向度，包含了知覺運動學習以及概念學習。

●感知周遭，提升運動知覺

　　知覺運動學習指的是由身體的聽覺、視覺、觸覺以及動覺來感受外界的刺激，又可以細分為身體意識、勁力意識、空間意識以及關係意識等四種意識，各項意識可見表6說明。這些意識看起來雖然抽象，但是在幼兒運動學習上非常重要，尤其是低幼的孩子，他能夠從身體活動中認識自己的身體部位、感受自身動作應該用什麼樣的速度與力量、在身體活動時覺察空間和自己的關係，以及活動時和他人或操作物體的關係，這些都涉及運動知覺。而家長或老師則可以透過多元和豐富的身體活動來幫助孩子進一步掌握這些知覺。就像孩子從一次次的撞到、跌倒再爬起來中，逐漸調整自身動作，找到和這個世界互動的方法，從失敗與成功的經驗中建立意識，當孩子更能掌握自己的身體和掌握身體和空間、物體的關係，就更能夠學會動作，並且保護自己在活動時不受傷。

●多元結合，增進概念學習

　　概念學習指的是跨領域學習，透過身體活動與認知面的結合，能夠整合認知、想像和語文等概念。在認知方面，可以透過跳躍遊戲，結合序列、形狀等認知概念，變換規則指令，增加孩子的認知彈性。另外，運動認知的學習還包括理解規則，孩子需要瞭解動作的要領和遊戲的規則，才能夠獲得運動學習的最大效益。而想像力的促進上，可以透過創造性的想像遊戲，運用肢體表達情境；語文範疇則可結合語文圖畫書等故事情境來進行肢體遊戲。以上舉的例子都可以在設計身體活動時，將其他領域的概念一同融入在情境學習中，讓孩子不只增進身體動作技能，更能同時增進認知、想像和語文等相關發展。

知覺運動學習的 4 種意識

知覺運動學習	說　明
身體意識	指的是**認識身體**的部位（例如：眼、腳踝、三角肌）以及透過**肢體表達**來瞭解身體的可能性，例如：身體能夠做出什麼樣子的造型？可以用什麼樣的姿勢投球？
勁力意識	指的是能夠感覺**移動時間**的快慢、**力量**使用的大與小、**節奏**的快慢以及動作的**流暢度**。
空間意識	指的是自己對所處空間的意識，其中很重要的概念為位置，可以分為一般、個人與限制空間；空間意識也跟距離、高度、方向和路徑有關。 ● **位置**： 　**一般空間**：指的是能夠活動的區域與範圍，例如：籃球場、體能教室、課堂教室。 　**個人空間**：指的是活動時不會與他人碰撞接觸的空間，例如：移動時不會去撞到其他的人或物體。 　**限制空間**：指的是特別限定的範圍或是區域，例如：不可以超過紅色的區域，只在有木頭地板的範圍活動。 ● **距離**：表示遠近。 ● **高度**：可以分成高、中、低。 ● **方向**：例如上下左右、前後、順逆時針等。 ● **路徑**：例如直線或彎曲。
關係意識	指的是**人與人**或**人與物**的交互關係，例如跟著前面的人一起做動作（人與人）或從呼拉圈中間鑽過（人與物）等。

表 6

孩子在情意面的學習

　　幼兒運動的第三個學習面向是情意面，運動能夠幫助孩子提升對自我的認同，學習與他人相處，因此情意面主要包含提升自我概念與積極社會化兩個面向。

●提升自我認同

　　自我概念包含自我效能、歸屬感、自尊心、自我覺察等，對孩子來說，運動能力的好與壞，對於孩子自我概念的養成有很大的影響力。例如：當孩子能夠擁有很好的支撐跳躍能力、能夠做出跳箱分腿騰躍的動作時，他會對自己更有自信，並將這份成就感，轉移至其他事物的學習上，也會更樂於繼續學習新的事物，在一次次的挑戰中自我精進，建立自我認同。

●增進社會人際互動

　　運動對於孩子的積極社會化也有幫助，許多運動都涉及和他人合作，孩子能從身體活動中學習和他人協調、合作、溝通，一起踢球時，從哪兒開始踢、要踢到哪兒才行，要怎麼傳球？怎麼樣才算成功？要怎麼分組等，不一定要正式的足球競賽活動，當孩子一起召集玩球和討論規則時，運動的學習已然展開。因此，積極社會化包含了團隊合作、態度的養成與道德感的建立。團隊合作指的是在遊戲的過程中，能夠和別人一起互助合作去完成一件事達成目標；態度的養成指的是孩子能夠藉由遊戲培養正面積極的態度，學習去幫助人、樂於分享、接納，以同理心理解別人；道德感指的是孩子能夠遵守遊戲的規則、不投機取巧，符合運動家的精神。

　　家長或老師在帶領孩子進行身體活動時，可從運動、認知、情意這三大面向來思考，幫助孩子活動身體，並從中促進各個面向學習。在本書的第二章節，也將考量這三大面向，提供家長與老師適合引導孩子進行的身體活動。

關鍵3要素2策略

幫助孩子掌握動作技巧

　　上一篇所提的幼兒運動三大學習面向，希望能幫助家長或老師理解與正視，不是帶孩子到戶外自由玩耍，或讓孩子做體能訓練，就叫做帶孩子運動。我曾經到幼兒園訪視，有幼兒園安排孩子繞著學校狹窄短小的中庭不斷往返跑步而造成孩子跌跤，也曾經看過幼兒園訓練孩子做伏地挺身、仰臥起坐，並且實施所謂耗時短、燃脂高的「TABATA」有氧訓練。這些都是因為家長或老師對於幼兒運動與幼兒身體動作發展缺乏正確與完整的理解，因此用不當的方式來帶領幼兒運動。關注孩子的體力與運動，絕不是要訓練孩子在極短秒數內跑完20公尺或在10分鐘內密集間歇訓練，而是透過規律且充足的運動，來幫助孩子養成身體動作能力，也有利於心肺功能的運作。因此，大人要學習用「健康管理」的概念來看待孩子與自己的體力，期許明天比今天更進步，而且更有活力。

漸進引導，養成運動習慣

　　那麼，在知道幼兒運動的學習面向後，應該如何幫助孩子掌握技巧、養成運動習慣呢？這需要日積月累，並且在生活中給予孩子們更多動作上或是技巧上的引導，讓他們知道動作的正確性，以及能有更多的學習與練習的機會。大人們可以選擇讓孩子自由自在的玩耍，但是卻缺少了運動的目的性。如果能結合運動遊具，如：陪孩子玩球，球除了可以做出投球，還能做出什麼動作呢？例如：接、踢、滾、運、盤。投球除了可以投出高飛球，還能夠怎麼把球傳給對方呢？例如：平飛球、彈地球、滾地球。如此一來，孩子不但能夠玩球，也能知道原來球類的遊戲有這麼多的變化，並且透過不同的活動，運用到各個身體部位，加強孩子對身體掌控的技巧。

掌握鼓勵、指導、練習3大要素

從信誼幼兒身體動作能力現況大調查中知道，因疫情的緣故，孩子在家的時間變多、戶外活動的機會變少，3C產品的使用時間和靜態的生活型態都有增加，導致孩子的體能變差，對生活產生了重大的影響。此外，調查更發現父母的運動習慣、參與安排、鼓勵支持，以及運動觀念與態度等因素，都會影響到孩子的動作發展，也就是當父母的態度越積極、越正向，孩子的動作表現也越好，簡而言之，父母對運動的態度與行為是影響孩子動作發展的關鍵因素。如果能從自身做起，帶著孩子一起運動，融入家庭生活中，引導孩子喜愛運動，就能幫助孩子的動作發展。父母或老師在陪伴孩子運動時，不妨從掌握以下三大要素開始做起。

●鼓勵

大人的讚美與鼓勵不但是孩子喜愛運動、持續運動的動力，也是孩子們在遊戲活動之中培養自我概念的正向力量。父母或老師的正向話語能夠讓孩子充滿自信心，對自我的認同與肯定非常重要。例如：孩子能從雙手運球變成單手運球行走，或是能用手掌接住大人拋過來的小皮球，都是值得鼓勵跟讚美的事情。如果大人因為孩子的進步，給予言語及肢體的鼓勵，增強孩子的成就感，孩子會更樂於嘗試並勇於挑戰更艱難的動作，相信自己有能力完成活動的任務，也會更積極努力的去達成運動的目標。

●指導

每一個動作都有正確的要領，每一個動作組合起來都會與運動相關。例如：跑、跳、運球、投籃，是打籃球需要具備的動作技能；打擊、接球、跑步、傳球，則是打棒球需要具備的動作技能。孩子必須熟練這些單一的動作，才能夠將動作組合，完成更複雜的運動技能。

透過指導可以幫助孩子掌握動作的正確要領，為未來的運動技能奠基。要引導孩子做出正確的動作，也許對照顧者而言並不容易。但請不用擔心自己沒有足夠的能力指導孩子，當發現孩子的動作或姿勢怪怪的，只要把身體、手和腳的動作拆解，便很容易

發現問題出在哪裡，並幫助孩子修正。指導時，可以注意一次只專注指導一個動作，並用遊戲化或口訣化的方式，幫助孩子記憶與理解。例如：跳躍時，雙臂要向前、向上擺動手臂，以便於讓孩子跳得更高、更遠。有些孩子可能只顧著雙腳跳躍，並沒有透過手臂擺動來帶動。這時，我們可以請孩子想像猴子前後擺動雙手的樣子，讓孩子先練習擺手，接著模仿兔子跳的動作，再將兩者結合，屈膝手後擺，帶動向前、向上跳。從孩子遊戲與練習過程中給予指導，讓孩子透過一次次的嘗試，修正出正確的動作，增加成功的經驗。孩子會漸漸愛上運動，同時享受運動所帶來的自信與成就感。

● **練習**

　　所有動作技能都需要經過不斷練習而獲得進步，因此大人的陪伴及參與就顯得至為重要。利用在家中閒暇的時刻，以家中隨手可得的器物來遊戲，讓孩子們有活動的機會，對於孩子來說是非常重要的練習機會與體驗。例如：家中的抱枕可以拿來拔河比賽、跨越障礙；襪子可以拿來踢、投與接；假日有機會到公園，讓孩子練習攀爬、滾球、在草地上盡情爬行、奔跑，都是增加孩子練習動作的機會。

掌握彈性調整、循序漸進2大引導策略

　　特別提醒家長或老師，在進行動作引導時，也需要掌握彈性調整和循序漸進這兩個引導策略，根據學者Newell的三角限制理論，動作發展主要是受到「個體」、「環境」與「工作」三者變化所產生的交互影響，也就是說天生的遺傳、後天的學習環境以及動作的難易程度，都會對孩子的動作發展產生影響。

●調整動作難度

　　當在陪同孩子進行身體活動時，大人可以觀察孩子的動作表現，適時改變動作的難易程度（也就是理論中的「工作限制」），孩子就比較容易完成動作。例如：傳球時，縮短跟孩子投接球的距離、改變給球的方式（將高飛球、平飛球改成彈地球及滾地球，或是將過肩丟出的「高手給球」，改為由下往上拋的「低手給球」），或是換成大一點的球等，都可以讓孩子更容易接到球，讓他更有成就感。

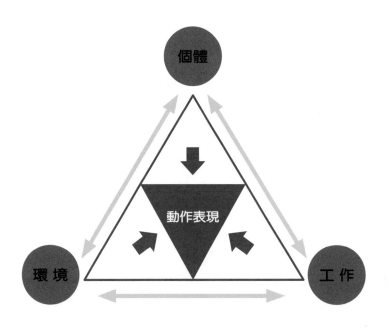

圖表出自：Newell 三角限制理論，Constraints Model

●循序漸進的學習

　　大人也需要體認動作能力的學習，尤其是操作性動作，需要循序漸進、日積月累的練習。例如，除了投球、接球的動作之外，孩子最常做的還有運球。如果希望從來沒有接觸過運球的孩子，能夠流暢的做出單手運球的動作，可能會非常的困難。建議父母或老師，應先試著縮短球與手的距離，也就是讓孩子以坐在地上、打開雙腿的姿勢，做雙手放球、再接球的動作。接下來，以跪姿、蹲姿及站姿的方式，逐漸增加手與球的距離；然後再由放球改變為推壓球，最後連續接放球。如此循序漸進的練習，孩子最後就能完成單手運球的動作。

大家一起動起來

　　運動是一種生活習慣，有賴於日積月累的功夫養成規律並融入生活。有些孩子的動作之所以發展得比較慢、學不起來，或者是體力比其他同齡的小孩要差，問題常常是出在大人沒時間陪孩子一起活動、沒用適當的方法教導孩子或吝於誇獎孩子，導致孩子沒機會、不樂於、沒自信去從事運動，造成體能越來越下滑、動作越來越差的結果。要讓孩子動得好，家長與老師除了理解身體動作發展對孩子的重要性，也要從自身做起，減少對3C的依賴，並可參考下一個章節豐富的活動，帶領孩子動一動，讓運動成為生活的習慣，並成為彼此關係增溫的橋樑。相信在父母與老師的鼓勵及參與之下，孩子的體能與動作會越來越好，大人也能跟著受益！

PART 2

身體動一動

在對孩子身體動作能力有所瞭解之後，
最重要的是能在日常生活中帶領孩子動起來，
透過涵蓋各項動作能力的主題活動，
均衡且全面的促進身體動作發展，
累積孩子的各項動作經驗，幫助身體更靈活。

20個均衡有趣的主題遊戲

運用常見的器材，提供分齡且均衡的身體活動，
涵蓋各個面向的動作技巧與促進能力，幫助家長、老師帶領孩子動起來！

　　這個章節，共規劃了20個主題，每個主題以生活中常見的用品作為運動器材，提供2～4歲、4～6歲兩個階段年齡層的孩子多元的身體活動資源，不管是父母或照顧者、老師，都可以參考這些身體活動，幫助孩子促進各項動作技巧。希望能讓大人知道，帶著孩子進行身體活動並不難，運用隨手取得的物品，在稍微空曠的地方，就可以和孩子一起動一動，享受活動身體帶來的愉悅感，孩子也能從中增進身體動作能力，建立自信。

　　每個主題，都會介紹活動和動作能力上的關聯，前面我們提過運動學習包含了運動面、認知面與情意面三大面向，我們將運動面的三大基本動作技能、二項體適能以及認知面的知覺運動學習、概念學習這七項主要促進能力對應出來，其中情意面因為多數活動都能幫助孩子認識與探索自我，在遊戲互動中促進社會化，因此就不逐一列出。例如「我會跳啊跳」主題是以移動性動作中的跳與穩定性的蹲、平衡等動作為主，並結合認知面的空間與顏色、數量等認知概念學習作為主要促進能力；「一起來玩球」主題是以操作性動作中的投擲、滾、丟、拋、打擊為主要促進動作，並涉及了肢體協調性以及知覺運動學習上的空間、力量等各種意識。透過活動與能力對應，幫助家長與老師掌握促進重點。每個主題針對兩個階段年齡層設計身體活動，能幫助大人由易而難的帶領孩子進行身體遊戲。

　　孩子在任何事物的學習均應在順應發展中累積能力，大人要做的是在孩子成長的過程中支持與陪伴，幫助孩子在經驗中奠基、在練習中進步，只要持之以恆，相信每個孩子都能動得好、動得健康！

動物模仿秀

動作焦點

在穩定性、移動性、操作性動作中，穩定性動作是最早開始發展的動作能力，而結合想像力的動物模仿，是最容易幫助孩子體驗各項穩定性動作技能的身體遊戲。

在這個主題，將引導孩子盡情發揮想像力，配合孩子能做出的穩定性動作，一起來模仿動物。這些模仿遊戲可以強化孩子穩定性動作的各項能力，同時也加強他們的肌力。例如：單腳支撐的動作除了可以讓孩子體會重心左右轉移的感覺，模仿駱駝單腳跪、驢子踢腿及毛毛蟲後退的動作，對於下半身肌力的控制，以及手部支撐力的提升，也很有幫助。如果孩子能夠在遊戲中順利發展揮動、彎曲、伸展等穩定性動作技能，對於未來其他動作發展也都會有很好的助益，所以可別小看這些小小的動作，快帶孩子一起來玩動物模仿秀吧！

年齡	活動名稱	穩定性動作	移動性動作	健康體適能	知覺運動學習	概念學習
2-4 歲	猩猩雙手搥呀搥	揮動		肌力	身體意識：肢體表達 勁力意識：節奏、流暢度	創造力：想像
2-4 歲	學猴子擺擺手	揮動、擺動		肌力	身體意識：肢體表達 勁力意識：節奏、流暢度	創造力：想像
2-4 歲	學駱駝單腳跪	伸展、動態平衡		肌力	身體意識：肢體表達 空間意識：高度、方向	創造力：想像
4-6 歲	學海豹拍拍手	揮動、彎曲、伸展、支撐		肌力	身體意識：肢體表達	創造力：想像
4-6 歲	毛毛蟲行走	彎曲、伸展、支撐		肌力、肌耐力	身體意識：肢體表達	創造力：想像
4-6 歲	學驢子踢踢腿	支撐、動態平衡	跳	肌力	身體意識：肢體表達	創造力：想像

猩猩雙手搥呀搥

年齡｜2～4歲
器材｜徒手

★ 促進重點

穩定性動作｜揮動　健康體適能｜肌力
身體意識｜肢體表達
勁力意識｜節奏、流暢度　創造力｜想像

玩法：

1. 把雙手舉在胸前，一前一後的揮動，
   對孩子說：「猩猩喜歡搥搥胸，你會嗎？」

2. 邀請孩子一起來學猩猩，用雙手揮動搥搥胸。

3. 大人剛開始示範時，揮動的速度不要太快，
   可以問問孩子：「是不是很像在打鼓啊？」
   協助他整合類似的動作經驗。並發出「咚、咚、咚」
   的聲音，讓孩子跟著節奏一起舞動雙手。

學猴子擺擺手

年齡｜2～4歲
器材｜徒手

★ 促進重點

穩定性動作｜揮動、擺動　健康體適能｜肌力
身體意識｜肢體表達　勁力意識｜節奏、流暢度
創造力｜想像

玩法：

1. 張腿膝蓋彎曲，雙手自然垂著在身前，
   邀請孩子一起來模仿猴子揮動雙手。

2. 剛開始可以先原地揮手，等孩子掌握揮動的姿勢和
   頻率後，再一邊揮手一邊模仿猴子左右擺動行走。

3. 試試看，前後揮動手臂，帶動身體往前跳，
   一起來學猴子跳。

> **小叮嚀**
>
> ● 透過動物模仿，可以讓孩子有
>   機會練習揮動與擺動雙手，並
>   感受身體自然的節奏。

學駱駝單腳跪

年齡｜2～4歲
器材｜徒手

★ 促進重點

穩定性動作｜伸展、動態平衡
健康體適能｜肌力
身體意識｜肢體表達
空間意識｜高度、方向
創造力｜想像

玩法：

1. 邀請孩子一起來學駱駝屈起膝蓋，挑戰單腳跪的姿勢。跟孩子說：「駱駝走累了，會跪下來休息喔！我們來學學駱駝單腳跪吧！」

2. 請孩子把雙手向身體兩側伸展開來，保持身體平衡，重心下移後以單腳跪下，體會身體由高而低的變化。

3. 等孩子能順利單腳跪下後，可以鼓勵他再換另一腳試試看。

4. 還可以讓他在平滑的地板上嘗試單膝滑行，這個動作，不僅能訓練孩子在滑行時保持平衡，還能讓他練習控制滑行時的速度快慢，以及向前後左右滑行的方向感。

小叮嚀

● 剛開始練習單腳跪時，孩子可能會因為大腿和小腿肌力較弱，或是不太能控制身體平衡，所以很容易雙腳一起跪下，或是一屁股就坐在地上，大人記得鼓勵孩子再試試，只要多練習，就能慢慢掌握到訣竅。

學海豹拍拍手

年齡｜4～6歲
器材｜徒手

★ 促進重點

穩定性動作｜揮動、彎曲、伸展、支撐
健康體適能｜肌力
身體意識｜肢體表達　創造力｜想像

玩法：

1. 邀請孩子一起來學海豹，大人可以跟孩子說：「海豹的前鰭，就像我們的手一樣，可以幫助牠在沙灘爬行、撐住地面，一起來學學海豹拍拍手。」

2. 等孩子能支撐並將上半身挺起，可以鼓勵他放開支撐的手掌、拍拍手，就像海豹一樣。抬頭把頭和上半身挺起來，體會身體挺起與背拉伸的感覺。

3. 還可讓他在平滑的地板上扭動爬行和拍手，練習挺起以及向前爬。

小叮嚀

● 剛開始挺起上半身，孩子可能會撐不住的趴下，可以慢慢延長時間，讓孩子練習支撐和鍛鍊頭頸和上背的肌力。
● 拍手的動作對孩子來說可能會比較困難一些，可以鼓勵孩子先讓雙手同時離開地面，接著再嘗試拍手。

毛毛蟲行走

年齡｜4～6歲
器材｜徒手

★ 促進重點

穩定性動作｜彎曲、伸展、支撐
健康體適能｜肌力、肌耐力
身體意識｜肢體表達　創造力｜想像

玩法：

1. 請孩子坐在地上，把兩隻腳向前伸直，雙手撐在屁股兩旁。和孩子說：「一起來學毛毛蟲行走，毛毛蟲要用特別的方式往前爬喔！」

2. 請孩子試著用屁股向前移動，以雙腳屈膝、搭配屁股前移、手再向前移動的方式，慢慢往前移動。熟悉動作之後，改成毛毛蟲後退，同樣以屁股和手向後倒退的方式來移動。

小叮嚀

● 不管是向前或是向後移動，請孩子記得利用腳的彎曲、屁股的推行與手的支撐幫忙移動喔！

學驢子踢踢腿

年齡 | 4～6歲
器材 | 徒手

★ 促進重點

穩定性動作｜支撐、動態平衡　移動性動作｜跳
健康體適能｜肌力　身體意識｜肢體表達
創造力｜想像

玩法：

1. 遊戲開始前，邊示範邊告訴孩子說：
   「小驢子都是用四隻腳走路，而且牠的
   後腿可以像這樣踢很高喔！我們也來學
   學小驢子踢踢腿吧！」

2. 請孩子蹲下身，把雙手往前伸，手掌按
   在地上，讓腰部像山一樣弓起來；接
   著，提醒孩子把手肘及背部打直，手掌
   實貼在地面上，重心前移，雙腳向後用
   力一蹬，就能踢得飛高了。

小叮嚀

● 當孩子手臂支撐力不足時，可能會做出膝蓋跪地的跳躍動作。建議在軟墊上進行，以避免傷害。
  一開始，可先讓孩子從單腳開始練習，再變化為雙腳同時向後踢。

主題**2** 小動物爬行賽

動作焦點

　　在還沒學會行走之前，爬行是孩子探索世界、支撐身體的移動方法。爬是需要全身協調的移動性動作，可以增強四肢及背部、頸部的肌肉力量，即便孩子已經學會走、跑、跳，仍可以多進行爬行的遊戲，來增進孩子的肢體協調能力以及身體的肌力與肌耐力。

　　在這個主題，我們要模仿不同動物來變換爬行動作，讓孩子體會支撐的技巧，並加強孩子的肌力及肌耐力。就難易度來說，跪爬的遊戲最簡單，也是孩子成長過程中的本能，如果孩子肌力不足，在做跪爬或大熊爬的動作時，就會產生因肌力不足而「軟手軟腳」的現象，無法撐住身體、持續的爬行。大熊S型爬、蜘蛛爬以及匍匐前進對孩子來說難度較高，前兩者需要更有力的手腳支撐能力，後者則需要有手腳的協調能力，才能夠順暢的以對側邊爬行。爬行的好處多多，不僅有益全身協調，更可以在爬行中養成肌力與肌耐力，讓身體肩膀與四肢更強壯。現在就和孩子變身成各種動物，一起快樂的爬行吧！

年齡	活動名稱	穩定性 動作	移動性 動作	健康 體適能	競技 體適能	知覺運動學習	概念 學習
2-4 歲	小狗爬	支撐、動態平衡	爬	肌力		身體意識：肢體表達	創造力：想像
2-4 歲	小狗鑽爬	支撐、動態平衡	爬	肌力		身體意識：肢體表達	創造力：想像
2-4 歲	大熊爬	支撐、動態平衡	爬	肌力、肌耐力	協調性	身體意識：肢體表達 空間意識：方向	創造力：想像
4-6 歲	大熊 S 型爬	支撐、動態平衡	爬	肌力、肌耐力	協調性	身體意識：肢體表達	創造力：想像
4-6 歲	鱷魚爬過河	支撐、動態平衡	爬	肌力、肌耐力	協調性	身體意識：肢體表達	創造力：想像
4-6 歲	大蜘蛛散步	支撐、動態平衡	爬	肌力、肌耐力	協調性	身體意識：肢體表達	創造力：想像

小狗爬

年齡｜2～4歲
器材｜徒手

★ 促進重點

穩定性動作｜支撐、動態平衡
移動性動作｜爬　健康體適能｜肌力
身體意識｜肢體表達　創造力｜想像

玩法：

1. 先讓孩子跪在地上，雙手著地撐住身體來學小狗，用跪爬的姿勢往前移動。

2. 一開始可以先直行，接著可以繞行和到處爬，再變換成倒退爬。

> **小叮嚀**
> ●爬行時，注意孩子的雙手是否與肩膀同寬，提醒孩子手肘要打直來爬行。

小狗鑽爬

年齡｜2～4歲
器材｜徒手

★ 促進重點

穩定性動作｜支撐、動態平衡
移動性動作｜爬　健康體適能｜肌力
身體意識｜肢體表達　創造力｜想像

玩法：

1. 大人用身體做山洞，讓孩子進行鑽爬的遊戲。想想看，身體怎麼彎曲成山洞呢？如：雙腳打開、肚子朝下、手腳撐地或挺起肚子朝天等。

2. 請孩子用跪姿爬行的方式，鑽過各種身體山洞。

> **小叮嚀**
> ●可以變換不同的山洞造型和高度，如：越來越小，讓孩子想辦法鑽爬過山洞。也可以安排多人的山洞，讓孩子來鑽爬。

大熊爬

年齡丨2～4歲
器材丨徒手

★ 促進重點

穩定性動作丨支撐、動態平衡
移動性動作丨爬
健康體適能丨肌力、肌耐力
競技體適能丨協調性
身體意識丨肢體表達
空間意識丨方向
創造力丨想像

玩法：

1. 讓孩子用手和腳撐住地面，屁股保持挺起的方式，學大熊往前爬行。

2. 同樣可以先從直行變換成繞爬和到處爬，再倒退爬，體驗不同的爬行路徑和方向。

小叮嚀

● 大熊爬時，孩子的手肘和膝蓋得要保持撐直，這個動作對於增進四肢及背部肌力很有幫助，平常可以多讓孩子進行大熊爬的動作，加強孩子的肌力與支撐力量。

大熊S型爬

年齡｜4～6歲
器材｜寶特瓶

★ 促進重點

穩定性動作｜支撐、動態平衡
移動性動作｜爬
健康體適能｜肌力、肌耐力
競技體適能｜協調性
身體意識｜肢體表達
創造力｜想像

玩法：

1. 讓孩子用手和腳撐住地面，屁股保持挺起，學大熊往前爬行。

2. 把寶特瓶排成兩排，分組用大熊爬行的方式，輪流繞過每個瓶子再繞回來。看哪一組可以先抵達就獲勝囉！

小叮嚀

● 瓶子間的距離可以寬些，讓孩子有繞和爬的空間，S的繞行可以讓孩子有機會用側邊方式移動。

● 可以先讓孩子有足夠的時間練習，再來進行繞行瓶子的趣味競賽。

鱷魚爬過河

年齡｜4～6歲
器材｜椅子、繩子或布、地墊

★ 促進重點

穩定性動作｜支撐、動態平衡
移動性動作｜爬
健康體適能｜肌力、肌耐力
競技體適能｜協調性
身體意識｜肢體表達
創造力｜想像

玩法：

1. 請孩子趴在地板或地墊上，一起來學鱷魚爬過河。

2. 鱷魚爬行的姿勢為：把肚子和胸口貼在地上，手肘向內彎曲，輪流屈膝往前爬。

3. 可以把布或繩子固定在兩邊的椅子上，中間擺放地墊，讓孩子學鱷魚往前匍匐爬行，小心不要碰到上面的繩子或布，一起爬過河。

小叮嚀

● 爬行時，提醒孩子：手肘、肚子和膝蓋都要貼在地上，才是正確的姿勢喔！

● 透過繩子或布在兩端保持一定高度，可以幫助孩子維持匍匐的姿勢前進。

大蜘蛛散步

年齡｜4～6歲
器材｜徒手

★ 促進重點

穩定性動作｜支撐、動態平衡
移動性動作｜爬
健康體適能｜肌力、肌耐力
競技體適能｜協調性
身體意識｜肢體表達
創造力｜想像

玩法：

1. 請孩子模仿蜘蛛的移動。第一步，坐在地上，用四肢的力量將身體撐起，保持屁股懸空，在空中停留一會兒後，再坐下來休息。

2. 等孩子能成功將身體撐起後，再請他試著慢慢移動兩腳和雙手，學蜘蛛走路。大人可以說：「把你的腳往前走一步，然後另一腳也跟著往前。」孩子會在過程中，慢慢體會要怎麼轉換重心，才能保持身體的平衡。

小叮嚀

● 對孩子來說，這個動作有一點困難，建議大人先示範，請孩子跟著做動作，直接練習會比單純說明更容易學會。

● 倘若直接移動太困難，可以試著將動作拆解成步驟，例如先讓孩子學會撐住身體，再練習移動。

我會跳啊跳

動作焦點

　　跳躍是非常重要的移動性動作技能,雙腳跳、單腳跳、跨跳以及踏跳等,都是孩子可以練習的動作。跳躍對孩子的肢體協調性、平衡感,甚至對大腦皮質發育以及神經系統的刺激,都有很大的幫助。

　　不過,做出跳躍的動作仍需要足夠的經驗與練習,有些小小孩的跳躍動作只是身體的上下移動,腳並未離地,這時,大人可以拿玩具吸引,當孩子伸手抓時,再將手提高,讓他嘗試原地跳躍的動作。大一點的孩子,則可以變化往前跳、單腳跳、連續跳等遊戲。

　　這個主題,我們將運用地墊,讓孩子練習跳躍和連續跳躍,記得提醒孩子在跳之前,膝蓋要微微彎曲、蹲下,雙臂要在跳起來的同時往前向上擺動,帶動身體,這樣一來,就能幫助孩子跳得又高又遠。現在就來運用地墊,一起玩跳躍的遊戲吧!

年齡	活動名稱	穩定性動作	移動性動作	競技體適能	知覺運動學習	概念學習
2-4 歲	**往前跳**	蹲、擺動	跳			
2-4 歲	**跳跳跳**	蹲	跳			認知能力:認知概念 創造力:想像
2-4 歲	**轉彎囉**	蹲	跳	協調性	空間意識:方向	
4-6 歲	**跳跳格子**	蹲、旋轉	跳		空間意識:方向	認知能力:認知概念
4-6 歲	**跳回家囉**	蹲	跨跳、跳	協調性	勁力意識: 節奏、移動時間	認知能力:認知概念
4-6 歲	**彩色拼盤**	伸展、靜態平衡	跨跳、跳、踏跳			認知能力:認知概念

往前跳

年齡｜2～4歲
器材｜各色地墊

★ 促進重點

穩定性動作｜蹲、擺動
移動性動作｜跳

玩法：

1. 將地墊直排，讓孩子順著地墊依序往前跳。

2. 如果孩子還不太會跳躍，可以先讓孩子練習原地跳躍，並示範、提醒孩子「雙腳微蹲」、「擺動雙手」的跳躍技巧。

3. 如果孩子已經可以直線連續跳躍時，就讓他自行排列地墊的位置，增加跳躍的變化性及難度，提升遊戲的趣味性。

小叮嚀

● 選擇平坦的地方，並確認地墊的止滑性再進行遊戲。
● 剛開始玩時，每次跳躍中間可以停下來稍微休息，等動作熟練之後再進行連續跳躍。記得跳躍的次數不要太多，大約 3 次到 5 次即可。
● 地墊的間距不要太大，等孩子能夠掌握跳躍的技巧以後，再加大地墊的間距。

跳跳跳

年齡｜2～4歲
器材｜各色地墊

★ 促進重點

穩定性動作｜蹲
移動性動作｜跳
認知能力｜認知概念
創造力｜想像

玩法：

1. 選擇不同顏色的地墊，將地墊兩兩排成長方形，和孩子一起進行跳躍遊戲。

2. 大人和孩子輪流喊出顏色後，再跳到指定顏色的地墊上。

3. 大人還可以多加一點點想像在遊戲的過程中，例如說：「要小心注意跳到葉子（地墊）上喔！不要掉到水裡。」這樣會讓孩子覺得很有趣，更投入於遊戲中喔！

小叮嚀

● 請選擇顏色鮮明且差異較大的地墊，讓孩子在跳躍時容易辨認。如果兩種顏色的地墊遊戲，孩子已經能玩得很好，可以再試著增加地墊的顏色和數量。

轉彎囉

年齡 | 2～4歲
器材 | 各色地墊

★ 促進重點

穩定性動作 | 蹲
移動性動作 | 跳
競技體適能 | 協調性
空間意識 | 方向

玩法：

1. 遊戲前，可以先和孩子一起將地墊拼成ㄇ字型。

2. 拼完之後，和孩子一起沿著地墊進行連續跳的遊戲。

3. 鼓勵孩子沿著地墊跳躍並轉彎再跳回來，增加大肢體的協調性。

小叮嚀

● 當跳到轉彎處時，可以提醒孩子：「準備轉彎囉！」讓孩子有時間準備。

● 小小孩的肌耐力較不足，你可以跟他說：「如果感覺累的話，可以先稍微休息一下喔！」以延長孩子對遊戲的興趣。

跳跳格子

年齡｜4～6歲
器材｜二色地墊多片

玩法：

1. 遊戲前，一起將四片同色地墊拼成一個大方塊，再將四個大方塊顏色交錯拼成一個大大的「田」字。

2. 遊戲時，先請孩子站立在中央位置，然後跟孩子說明跳躍的順序：「左上、右下、左下、右上！」孩子每跳一次必須要再回到中央，進行下一次的跳躍。

3. 可以再調整地墊的鋪排來變換跳格子遊戲，讓孩子依據地墊的數量進行跳躍，如：看到一個地墊用單腳跳、兩個併排的地墊用雙腳跳。

小叮嚀

● 可以先以順時鐘或逆時鐘的依序跳躍，等孩子熟練方向之後，再改變其他方向進行活動，增加孩子的認知彈性。

跳回家囉

年齡｜4～6歲
器材｜二色地墊各8片

★ 促進重點

穩定性動作｜蹲
移動性動作｜跨跳、跳
競技體適能｜協調性
勁力意識｜節奏、移動時間
認知能力｜認知概念

玩法：

1. 遊戲前，將不同顏色的地墊交錯拼成一個棋盤狀的大地墊。

2. 請孩子挑選一種顏色，從墊子的一端，沿著指定顏色跳到另外一端，一路跳回家。

3. 可以進階為兩人猜拳，進行跳格子的遊戲。如果跳進的顏色與猜贏的人相同，就算輸囉！

小叮嚀

● 可以變換跳躍的方式，從雙腳跳變成跨跳或單腳跳等，變換遊戲玩法。

彩色拼盤

年齡 ｜ 4～6歲
器材 ｜ 二色地墊多片

★ 促進重點

穩定性動作 ｜ 伸展、靜態平衡
移動性動作 ｜ 跨跳、跳、踏跳
認知能力 ｜ 認知概念

玩法：

1. 將各色的地墊散落在地上，每個地墊的間距大約30公分。

2. 請孩子在不同顏色的墊子上，做出各種跳躍與平衡的動作，如：紅色單腳跳、藍色雙腳跳、綠色跨跳、黃色踏跳。

3. 挑戰增加遊戲的難度，例如：紅色單腳跳後加雙手平舉、身體前傾單腳站立的大鵬展翅維持5秒；藍色雙腳向上跳加空中手腳呈現大字伸展；綠色跨跳加超級瑪利歐的動作，並保持平衡。

小叮嚀
● 可以先讓孩子想想不同的跳躍方式，看身體在空中能夠做些什麼樣的變化，並結合變化顏色指令，增加認知彈性。

主題 **4** 動物過橋

動作焦點

　　平衡能力是孩子需要具備的穩定性動作技能，前面介紹過可以分為靜態和動態平衡，也是我們這個主題所要引導的動作。

　　不管是靜態平衡或動態平衡，都是身體保持穩定需要具備的重要動作能力，這個主題，我們就要結合移動性動作的併步和走，來模仿動物進行過橋的平衡遊戲。可以讓小小孩沿著寬膠帶貼成的線，以側併步、前併步或交互前進等移動方式往前走，也可以運用瓷磚地板的接縫線來遊戲；大一點的孩子則可變換成在有高度的平衡木上移動。由於孩子對於身體重心的轉移、控制還不太純熟，更需要透過遊戲幫助學習。遊戲過程中，多鼓勵孩子體會不同動物移動速度的快慢，以及移動力量大小的不同（例如小老鼠跟大象），讓遊戲擁有更多變化與樂趣。現在，就讓我們一起變成動物，準備過小橋囉！

年齡	活動名稱	穩定性動作	移動性動作	競技體適能	知覺運動學習	概念學習
2-4 歲	大象過橋		走		身體意識：肢體表達 勁力意識：移動時間、力量	創造力：想像
2-4 歲	螃蟹過橋	動態平衡	併步	協調性	身體意識：肢體表達	創造力：想像
2-4 歲	小老鼠過橋	動態平衡	併步	協調性	身體意識：肢體表達 勁力意識：力量	創造力：想像
4-6 歲	小羊倒退走	動態平衡	走、併步		身體意識：肢體表達 空間意識：方向	創造力：想像
4-6 歲	大鵬展翅	伸展、靜態平衡 動態平衡	走		身體意識：肢體表達	創造力：想像
4-6 歲	移動不倒翁	動態平衡、旋轉	走		身體意識：肢體表達	創造力：想像

大象過橋

年齡｜2～4歲
器材｜寬膠帶

★ 促進重點

移動性動作｜走　身體意識｜肢體表達
勁力意識｜移動時間、力量　創造力｜想像

玩法：

1. 在地上用膠帶貼成一直線。

2. 大人跟孩子一起模仿大象，踩著重重的步伐，可以跟孩子說：「因為大象的身體很重，走過橋時會有『砰！砰！砰！砰！』的聲音。」讓孩子試試用力踏出聲音來。

3. 因為大象的體型較大，提醒孩子將腳步踏在直線的兩側就可以囉！此外，走路的速度也是重要的模仿關鍵。走得慢一些，會更容易用力往下踏，因此可以提醒孩子：「大象要走得慢一點，才不會把這座橋壓壞了喔！」

小叮嚀

● 為了踏出聲音來，孩子一開始可能會用盡全身的力量來踩，甚至是將整個身體都跳起來再往下踩。建議大人可以先示範用力踏步的方式，讓孩子慢慢揣摩出大象走路的樣子。

螃蟹過橋

年齡｜2~4歲
器材｜寬膠帶

★ 促進重點

穩定性動作｜動態平衡
移動性動作｜併步
競技體適能｜協調性
身體意識｜肢體表達
創造力｜想像

玩法：

1. 請孩子雙手比二，舉在身體兩側，當作螃蟹的大螯。並用側併步的方式，在線上一步併一步橫著走。你可以跟他說：「小螃蟹小心走，不要掉到河裡了喔！」提醒孩子盡量沿著「橋」移動。

2. 你可以跟孩子說：「小螃蟹忘記帶水出門了！牠要回家拿。」讓孩子向右併步走完，也可以向左併步走，感受一下不同方向的走法。

小叮嚀

● 側併步的練習可以促進孩子的身體協調能力和平衡感喔！在孩子學螃蟹走路前，大人可以先問問孩子知不知道螃蟹怎麼走，並提示他螃蟹橫著走的特性。

小老鼠過橋

年齡｜2～4歲
器材｜寬膠帶

★ 促進重點

穩定性動作｜動態平衡
移動性動作｜併步
競技體適能｜協調性
身體意識｜肢體表達
勁力意識｜力量
創造力｜想像

玩法：

1. 請孩子把兩手放在臉上當鬍鬚，或是放在胸前當前爪，學小老鼠走路。

2. 可以跟孩子說：「小老鼠要過橋了。噓！小聲的走，不要被貓咪發現囉！」讓孩子沿著直線，用輕巧的前併步方式向前走。

3. 等孩子走得更熟練以後，可以跟他說：「小老鼠趕著要回家找媽媽，走快一點喔！」鼓勵孩子加快速度往前走。

小叮嚀

● 前併步的練習可以促進孩子的身體協調能力和平衡感喔！

小羊倒退走

年齡｜4～6歲
器材｜寬膠帶

★ 促進重點

穩定性動作｜動態平衡
移動性動作｜走、併步
身體意識｜肢體表達
空間意識｜方向
創造力｜想像

玩法：

1. 請孩子當小羊沿著線往前走。和孩子說：當聽到「大野狼來了」的時候，就表示遇到危險，就要一腳接著一腳、一步步倒退走。

2. 在移動時，隨機變換「大野狼來了」、「大野狼走了」的指令，讓孩子沿著線前進與後退走路。

小叮嚀

● 孩子平時鮮少有倒退走的機會，一開始可能會一直回頭看線的位置，不要催促孩子，給孩子練習的時間，讓孩子慢慢掌握後退移動的技巧。
● 不管是前進或後退，都可以用一腳接一腳走或併步的方式移動。

大鵬展翅

年齡｜4～6歲
器材｜平衡木或紙積木

穩定性動作｜伸展、靜態平衡、動態平衡
移動性動作｜走
身體意識｜肢體表達
創造力｜想像

玩法：

1. 架好平衡木或紙積木，讓孩子在平衡木上
   行走前進。

2. 當孩子走到中間時，可以變換不同的動作
   來進行平衡挑戰：

   ● **大鵬展翅**：用單腳站立，身體往前傾，
     雙手打開保持平衡。

   ● **金雞獨立**：雙手放在頭上、一隻腳站
     立、一隻腳底貼在另一隻腳的小腿上。

   ● **猴子搔癢**：身體半蹲，擺動雙臂。

3. 讓孩子自己發想動作，每走到平衡木中間
   時，就變換成該動物的動作。

小叮嚀

● 用紙積木當平衡木時，請先確認遊戲地面平
  整、紙積木不會滑動，再進行平衡挑戰。
● 可以多走幾次，每次模仿不同的動物，讓孩
  子變換姿態來挑戰動態與靜態的平衡。

移動不倒翁

年齡｜4～6歲
器材｜平衡木或紙積木、障礙物

★ 促進重點

穩定性動作｜動態平衡、旋轉
移動性動作｜走
身體意識｜肢體表達
創造力｜想像

玩法：

1. 在平衡木或紙積木的路徑上放置障礙物（如：沙包、小抱枕、角錐），讓孩子走過橋，把障礙物想像成石頭，遇到落石請抬腳跨過，走完平衡木。

2. 也可以請孩子走到平衡木中間時，原地轉一圈再往前走，看誰可以變成移動的不倒翁，保持平衡不掉落。

小叮嚀

● 遊戲時，提醒孩子不求快，不強調速度，重在將「走」和「跨」的動作做得確實。
● 可以依照孩子能力，增加障礙物的數量，讓孩子多練習跨走並保持平衡前進。

身體變變變

動作焦點

　　身體動作是我們溝通、表達和認識世界的第一個媒介，是孩子表達自我的工具。動作本身也是一種語言，可以回應自己的內在世界。創造性肢體遊戲除了可以幫助孩子學習表達，也能夠增進孩子的身體意識，讓孩子發揮自己身體的可能性。

　　這個主題，我們就要透過身體動作結合想像創意，透過不同情境的想像與扮演來激發孩子的肢體表達能力。孩子可以運用身體的捲曲、伸展、擺動等穩定性動作，模仿日常中的人事物，例如：想像自己是一個小花苞，或著隨著料理過程而旋轉、翻滾身體，不管是靜態的或動態的、個人的或合作的，都能夠激發孩子的創意，用身體詮釋想像，投入到創意肢體遊戲中。多留心生活周遭事物，它們都可以成為用身體表現的題材，和孩子一起打開身體、打開心，用身體變變變，展開快樂的想像旅程吧！

年齡	活動名稱	穩定性動作	移動性動作	健康體適能	知覺運動學習	概念學習
2-4 歲	花開花謝	擺動、彎曲、伸展、捲曲、扭轉			身體意識：肢體表達	創造力：想像
2-4 歲	最高最高	彎曲、伸展、支撐		肌力	身體意識：認識身體 空間意識：高度	
2-4 歲	最大最大	彎曲、伸展、捲曲、支撐			身體意識：肢體表達	認知能力：認知概念
4-6 歲	啵啵啵！爆米花	彎曲、伸展	跨跳、跳、滾		身體意識：肢體表達	創造力：想像 語文：語文表達
4-6 歲	小廚師上菜	旋轉	跑、跨跳、滾		身體意識：肢體表達	創造力：想像 語文：語文表達
4-6 歲	**123，機器人**	揮動、彎曲、靜態平衡	走、跳		身體意識：肢體表達	創造力：想像

花開花謝

年齡丨2～4歲
器材丨徒手

★ 促進重點

穩定性動作丨擺動、彎曲、伸展、
　　　　　　捲曲、扭轉
身體意識丨肢體表達
創造力丨想像

玩法：

1. 請孩子跪坐下來，把身體縮起來，想像自己是一個準備開花的小花苞。

2. 請大人澆澆水，施施肥，花兒慢慢的開了。請孩子把身體向上伸展，延伸、延伸、再延伸。跟孩子說：「哇，花兒開得好大、好漂亮！」

3. 一陣清風吹拂過來，花兒被吹得搖啊搖，請孩子想像自己隨風搖擺，將身體和手臂左右擺動。大人還可以變化風速和風向，讓孩子做出不同的擺動。

4 風兒吹，太陽晒，花兒慢慢的謝了。此時，孩子把身體慢慢彎下來，越來越低、越來越低，美麗的花兒凋謝了。

小叮嚀

● 遊戲開始前，可以先跟孩子討論花開花謝的過程，再引導孩子配合口令，運用肢體展現，促進孩子捲曲、伸展、擺動、彎曲、扭轉等穩定性動作技能。

最高最高

年齡｜2～4歲
器材｜徒手

★ 促進重點

穩定性動作｜彎曲、伸展、支撐
健康體適能｜肌力
身體意識｜認識身體
空間意識｜高度

玩法：

1. 和孩子一起來玩最高最高的肢體遊戲，看看可以怎麼讓自己的身體部位保持在最高的地方。

2. 和孩子說：「你能不能讓你的手伸到最高最高？」讓孩子努力踮起腳尖、讓手達到最高的地方。再變換不同的身體部位，換屁股最高、肚子最高、肩膀最高、腳趾頭最高……。

3. 可以單人，也可以試試兩人一起，想辦法讓身體的某個部位變到最高。

小叮嚀

● 在想辦法讓自己的身體擺出最高的姿勢時，會增強維持動作的肌力和支撐力量，大人可以鼓勵孩子想辦法保持動作，例如：「還要更高，不要掉下來，加油！」來鼓勵孩子延長伸展與支撐肢體的時間。

最大最大

年齡 | 2～4歲
器材 | 徒手

穩定性動作 | 彎曲、伸展、
　　　　　　捲曲、支撐
身體意識 | 肢體表達
認知能力 | 認知概念

玩法：

1. 和孩子一起來玩最大最大的肢體遊戲，想想可以把哪個身體部位變成最大？可以先從五官開始，把自己的嘴巴張成最大、眼睛睜成最大……。

2. 和孩子一起變換其他的肢體部位，「現在換成手打開，變成最大」，把兩隻手向外伸展，手變成最大；「現在換腳打開變成最大」，坐在地上想辦法把腳打開，開成最大；「現在換全身，全身都張開來，張到最大……」。

3. 請孩子努力將所有身體部位都張開來，一起伸展各個身體部位。也可以轉換遊戲方式，想辦法讓身體縮到最小最小，在變大變小的過程中，伸展、捲曲和彎曲身體。

手最大！

身體最大！

小叮嚀

● 變成最大的方式，可以是站著或躺著或坐著，甚至可以兩個人合作的方式來進行。

啵啵啵！爆米花

年齡｜4～6歲
器材｜徒手

★ 促進重點

穩定性動作｜彎曲、伸展
移動性動作｜跨跳、跳、滾
身體意識｜肢體表達
創造力｜想像
語文｜語文表達

玩法：

1. 請孩子說說看，有看過爆米花嗎？爆米花是怎麼變出來的？讓孩子先表達和描述爆米花從玉米粒變成爆米花的過程。

2. 請孩子在地上縮起身體，想像自己是一顆圓圓的玉米，現在要來爆米花囉！

3. 開始加熱了，請孩子左右滾動身體，左邊烤烤、右邊烤烤，要均勻受熱。

4. 嗶嗶啵啵！爆好囉！請孩子向上跳動，也可以跨跳過還沒爆開的玉米粒，當大家都跳躍伸展開時，表示已經變成香噴噴的爆米花了！

小叮嚀

● 建議地上可以鋪一層緩衝的墊子。
● 遊戲時，可以融入想像扮演，問問孩子：「你是什麼口味的爆米花呢？」

小廚師上菜

年齡｜4～6歲
器材｜徒手

★ 促進重點

穩定性動作｜旋轉
移動性動作｜跑、跨跳、滾
身體意識｜肢體表達
創造力｜想像
語文｜語文表達

玩法：

1. 小廚師要來做香噴噴的料理囉！先說說看，想做什麼料理？有看過爸爸媽媽做料理的過程嗎？試著說說看是怎麼做出來的，再用肢體表現出來。

2. 先來炒蛋，把身體放鬆，原地轉呀轉，一起打蛋花。旋轉時，手臂可以微微打開，感受跟著離心力上上下下揮動的感覺。接著要到鍋子裡翻炒了，讓孩子在地上翻滾或跑動，表現食材被料理的樣子。

3. 問問小廚師還要做什麼料理呢？如：煎香腸，請孩子躺在地上，將身體拉長、延展，然後左右翻面滾一滾，記得每一面都要煎到喔！

小叮嚀

● 在進行遊戲時，孩子可能會因為追求刺激而越轉越快，請大人留意環境的安全，避免孩子因頭暈跌倒而受傷喔！

● 可以讓孩子自由發想料理與菜色，再和孩子討論料理方式，可以怎麼用身體來表現烹煮時的過程呢？如義大利麵從硬硬的變成軟軟的，牛排一面熟了要翻面再煎另一面等。

123，機器人

年齡｜4～6歲
器材｜徒手

★促進重點

穩定性動作｜揮動、彎曲、靜態平衡
移動性動作｜走、跳
身體意識｜肢體表達
創造力｜想像

玩法：

1. 和孩子一起玩123木頭人的遊戲，除了木頭人，想想看還可以變成什麼人？在說出口令時，運用肢體模仿。

2. 讓孩子自由想像，如：「123，稻草人」雙手平舉單腳站立；「123，機器人」學機器人前後腳分開定格站立；「123，小超人」舉起右手單腳定格站立、身體往前傾做超人姿勢等。

3. 設定好指令與動作後，輪流當鬼，進行有趣的「123，XX人」的遊戲。

小叮嚀

● 可以變化成動態的動作，如：「123，稻草人」雙手平舉原地單腳跳；「123，機器人」學機器人卡卡的動動手腳轉轉頭；「123，小超人」做超人姿勢原地繞圈。

主題6 紙箱遊戲

動作焦點

　　紙箱對孩子來說，是百玩不膩的玩具，不管是拍打、躲貓貓或想像扮演，都能提供孩子高度開放性的遊戲經驗。不同大小的紙箱，還可以用它具立體空間的特性來進行各種身體活動。這個主題要運用小紙箱，和孩子變成各種動物郵差來運送貨物；更可以運用大紙箱，進行鑽爬和跳躍等移動性動作的遊戲。

　　大多數的孩子較缺乏練習腿部動作的機會，因此我們安排了「踢」和「夾物步行」的動作，讓孩子從遊戲中練習腿部的操控能力。大人也可以進一步鼓勵孩子，試著夾著箱子雙腳跳躍，讓遊戲有更多挑戰和變化。紙箱也可以作為讓孩子練習移動性鑽爬、跨跳動作的關卡，孩子可以一邊匍匐鑽爬一邊控制方向，也可以進行有高度的跨跳動作，甚至是連續跨跳，都能給孩子不同的體驗與挑戰。一起發揮巧思與創意，用紙箱進行結合想像的身體遊戲，不僅簡單且樂趣無窮。

年齡	活動名稱	穩定性動作	移動性動作	操作性動作	健康體適能	競技體適能	知覺運動學習	概念學習
2-4 歲	小汽車，逛街去		走、跑		肌力		勁力意識：移動時間 空間意識：位置	認知能力：規則理解
2-4 歲	請來秘密基地玩	動態平衡	爬			協調性	空間意識：位置	創造力：想像
2-4 歲	企鵝送禮			踢			身體意識：肢體表達 空間意識：路徑	創造力：想像
4-6 歲	小鳥送禮	揮動	走、跳		肌力	協調性	身體意識：肢體表達	創造力：想像
4-6 歲	紙箱坦克車	支撐、動態平衡	爬		肌力		空間意識：方向	
4-6 歲	跳紙箱		跨跳、跳				空間意識：路徑	

小汽車・逛街去

年齡 | 2～4歲
器材 | 紙箱、美工刀、封箱膠帶、彩繪用具

★ 促進重點

移動性動作 | 走、跑
健康體適能 | 肌力
勁力意識 | 移動時間
空間意識 | 位置
認知能力 | 規則理解

玩法：

1. 和孩子一人提起一個紙箱當作車子，問問孩子：「小汽車出發囉！要去哪裡呢？」先一起往前開，再變化路線或繞圈。

2. 遊戲中，可以讓孩子加快或減慢「行車」速度，增加孩子對速度感的認知。

3. 藉由開小汽車的機會，跟孩子一起熟悉交通規則，和孩子說：「紅燈要停車；綠燈亮了，才可以繼續開車。」

4. 當孩子開車到處跑時，難免會有小碰撞，可藉機提醒孩子保持適當距離，培養孩子的空間意識。

小叮嚀

● 若能在箱子的兩側挖兩個小洞，或是固定上繩子，孩子會更好提。

● 可以和孩子為小汽車裝飾、著色，並在地板貼上彩色膠帶當作道路的界線，也可以將水管假裝是加油管，幫車子加油。

請來秘密基地玩

年齡｜2～4歲
器材｜紙箱、美工刀、封箱膠帶、彩繪用具

★ 促進重點

穩定性動作｜動態平衡
移動性動作｜爬
競技體適能｜協調性
空間意識｜位置
創造力｜想像

玩法：

1. 運用多個紙箱搭建出秘密基地，有的紙箱當隧道，有的紙箱上方可以挖洞變成天窗。當秘密基地完成後，邀請孩子一起來秘密基地玩。

2. 鼓勵孩子發揮想像力，選擇自己喜歡的方式進入秘密基地，可以是小狗跪地爬、鱷魚匍匐前進，或是躺下以扭動屁股的方式前進，都是有趣又能訓練到大肌肉的姿勢，讓孩子感受感官與空間上的變化。

3. 引導孩子推開小天窗打招呼或玩躲貓貓，除了能靈活肢體動作的轉換，也能增強腿部的力量。

小叮嚀

● 秘密基地請固定在地上並倚靠於牆邊，讓基地更堅固；遊戲時，若大人在一旁扶著，也能方便與孩子做更多的互動。
● 可以輪流參與遊戲，藉此學會等待與培養耐心。

企鵝送禮
年齡｜**2～4歲**
器材｜紙箱

★ 促進重點

操作性動作｜踢
身體意識｜肢體表達
空間意識｜路徑
創造力｜想像

玩法：

1. 請孩子把手放在屁股兩側，就像企鵝的翅膀，一邊走，
   一邊用腳輕踢紙箱前進，小企鵝要出發去送禮物囉！

2. 可以將目的地放在較近、直線就可以到達的位置，
   累積孩子的成功經驗。

3. 當孩子熟悉遊戲後，鼓勵孩子試著改變踢的方向。

4. 有些孩子會慣性只使用右（左）腳來踢，
   這時可以提醒孩子：「左（右）腳也可以
   幫忙踢一下嗎？」讓孩子左右兩邊的身體能力，
   發展得更均衡。

小叮嚀

● 可以使用孩子心愛的玩偶當作送貨的目的地，跟孩子說：「你的小兔子正在等待企鵝郵差
送來的禮物喔！」除了能讓孩子有更具體的前進目標，也能提升孩子的遊戲意願。

小鳥送禮

年齡｜4～6歲
器材｜紙箱

★ 促進重點

穩定性動作｜揮動
移動性動作｜走、跳
健康體適能｜肌力
競技體適能｜協調性
身體意識｜肢體表達
創造力｜想像

玩法：

1. 小鳥要來送禮物囉！請孩子先用膝蓋夾住紙箱，站在原地不動，感受膝蓋的使力方式。

2. 跟孩子說：「用膝蓋夾住紙箱，把翅膀打開，準備飛囉！」在紙箱不落地的前提下，一小步、一小步的移動步伐。過程中，孩子會逐漸掌握如何維持膝蓋夾緊的同時，又能移動腳步。

3. 如果孩子有能力，還能夠用夾著跳和揮動雙手的方式來進行。

小叮嚀

● 對孩子來說，同時要兼顧手和腳的動作，會有一點難度。他可能只記得手要變成翅膀，就忘了要用腳夾禮物；或是只記得用腳夾禮物，就忘了張開翅膀。大人不用刻意要求孩子的動作是否標準，只要適時給予鼓勵和提醒，玩得盡興才是最重要的。

紙箱坦克車

年齡 | 4～6歲
器材 | 紙箱

★ 促進重點

穩定性動作 | 支撐、動態平衡
移動性動作 | 爬
健康體適能 | 肌力
空間意識 | 方向

玩法：

1. 將紙箱的上下底蓋裁剪掉，捲一捲、壓一壓，就變成坦克車的輪子囉！孩子鑽進洞裡面，用跪爬或者匍匐前進的方式爬行，坦克車，出動囉！

2. 設定目的地一起比賽，看誰可以先把坦克車開到終點呢？

小叮嚀

● 不同於一般的爬行，在輸送帶裡的爬行動作，會受到紙箱的牽制，因此需要協調手和腳的交替速度，才能讓紙箱的運送更加平整和好爬喔！

● 孩子在看不見前方的空間中推進紙箱，需要良好的空間意識才能維持朝預想的方向直直前進，過程如果爬歪了也是一種樂趣，可以透過旁人提示和調整兩側爬行的力道來練習控制方向。

跳紙箱

年齡 | 4～6歲
器材 | 紙箱

★ 促進重點

移動性動作 | 跨跳、跳
空間意識 | 路徑

玩法：

1. 將紙箱摺成山型，放在地上當作障礙物，越野小騎士出發啦！

2. 用跨跳的方式，鼓勵孩子通過障礙路線，看能不能順利到達終點。

3. 可以先練習跨過一個紙箱，再進行路線規劃、多設立幾個障礙，讓孩子連續跨跳過去，也可以變換跳法，用雙腳跳的方式進行。

小叮嚀

● 紙箱的高度和擺放的寬度可以隨著孩子的身高和練習狀況調整。孩子在抵達終點時，也別忘了跟他擊掌、為他喝采喔！

主題 **7** 來玩報紙

動作焦點

　　生活周遭許多隨手可得的東西，都可以作為遊戲的器具。在這個主題，我們就利用家中的報紙，結合孩子最愛的火車，一起來玩報紙捲的遊戲。沒有報紙的話，也可以用大型海報紙替代唷！

　　捲起來的報紙能夠變成火車頭，讓孩子體會「跟隨」和「帶領」的概念，也可以成為夾著併步移動想像騎馬的道具，更能夠變成孩子跨走、跨跳的工具。另外，藉由改變紙捲的高低位置，不管是讓孩子試著壓低身體，感受從紙捲下方穿越的「山洞」；或是從上方跨越的「橋樑」，都能促進孩子的空間意識與協調能力。

　　大一點的孩子，則可再增加橋樑的間距和高度，提高遊戲的難度，強化他跳高及跳遠的能力，也滿足孩子喜愛自我挑戰的欲望。還可以運用報紙可摺疊、可攤開的特性，不斷變化報紙尺寸讓孩子進行有趣的旋轉、平衡與奔跑遊戲。記得預備大一些的遊戲空間，以免降低孩子的遊戲樂趣或造成意外傷害。

　　快找出生活周遭的報紙，和孩子一起享受動動身體的樂趣吧！

年齡	活動名稱	穩定性動作	移動性動作	健康體適能	競技體適能	知覺運動學習	概念學習
2-4 歲	**火車過山洞**		爬	肌力	協調性	空間意識：高度	創造力：想像
2-4 歲	**百變報紙橋**		跨跳、跳				創造力：想像
2-4 歲	**騎馬**		併步	肌力		勁力意識：節奏 空間意識：方向	創造力：想像
4-6 歲	**斑馬線，過馬路**		走、跨跳、跳				創造力：想像
4-6 歲	**環遊世界**	旋轉、動態平衡	走、跑				創造力：想像
4-6 歲	**大肚皮**		走、跑			勁力意識：移動時間	

火車過山洞

年齡｜**2～4歲**
器材｜報紙

★ 促進重點

移動性動作｜爬
健康體適能｜肌力
競技體適能｜協調性
空間意識｜高度
創造力｜想像

玩法：

1. 大人拿著報紙捲，橫舉在孩子的前方，跟孩子說：「現在，小火車來過山洞吧！」

2. 大人可以改變報紙捲的高度，讓孩子練習判別高度，調整身體的位置。

3. 可以再增加報紙捲，各自擺在不同的高度，前高後低，或是前低後高，對孩子說：「你能不能一次穿過兩個山洞呢？」鼓勵孩子穿過不同高度的山洞，豐富遊戲的趣味性。

小叮嚀

● 對孩子來說，從看到山洞的高度，到決定身體要用什麼姿勢穿越，然後實際嘗試是否能成功，這樣的過程，不僅能促進空間感，也能提升肢體協調能力。

百變報紙橋

年齡｜2～4歲
器材｜報紙

★ 促進重點

移動性動作｜跨跳、跳
創造力｜想像

玩法：

1. 請大人將紙捲平放在地上，跟孩子說：「這裡有一座小橋，請你跨過它！」再慢慢升高紙捲，跟孩子說：「現在小橋越來越高囉！你有辦法跨過去嗎？」讓孩子不斷挑戰高度的變化，提升遊戲的趣味性。

2. 熟悉後，可以挑戰一次跨過兩根紙捲。孩子必須在左右腳之間，快速轉換身體的重心平衡，才能成功越過小橋。

3. 大人可以變化兩根紙捲間的寬度，孩子在跨越窄橋時，需要踮腳、小步跨；在跨越寬橋時，就需要跨大步。

4. 小橋除了用跨的，還可以用跳的。調整紙捲的高度和寬度，孩子就能挑戰越跳越高或是越遠。

小叮嚀

● 為了安全，紙捲不用捲得太密實，這樣即使不小心被絆倒，也不會傷到孩子。
● 如果孩子習慣用右腳跨越，不妨提醒他換一隻腳，讓兩隻腳都有機會抬起或承擔全身的重量。

騎馬

年齡｜2～4歲
器材｜報紙、音樂和播音設備

★ 促進重點

移動性動作｜併步
健康體適能｜肌力
勁力意識｜節奏
空間意識｜方向
創造力｜想像

玩法：

1. 把報紙捲成長條，請孩子握住長長的報紙捲，把紙捲夾在雙腳間，想像自己在騎馬。

2. 一腳前、一腳後，用前併步的方式往前進。

3. 可以搭配音樂或歌曲，跟著音樂騎馬往前進。

4. 移動時，可以試著變換方向和在前面的腳，例如：原本是保持右腳在前的方式行進，就改成左腳在前，讓兩隻腳都有練習的機會。

小叮嚀

● 前併步是同一隻腳一直保持在前的移動方式，可以先示範給孩子看，並一起往前學小馬跑，再夾住紙捲，一起往前進。

斑馬線，過馬路

年齡｜4～6歲
器材｜報紙

★ 促進重點

移動性動作｜走、跨跳、跳
創造力｜想像

玩法：

1. 把報紙捲成好多根紙捲，間隔鋪排成斑馬線。和孩子說：「來過馬路囉！」

2. 邀請孩子一起來過馬路，先用走的方式走過每根報紙捲。

3. 再把間隔拉開，變成用跨走或跨跳的方式過馬路。

4. 改變鋪排方式，讓孩子自由鋪排報紙捲，一起到處跨跳過報紙捲，也可以變換跳的方式，變成雙腳跳、單腳跳等，增加遊戲變化性。

小叮嚀
- 讓孩子自己捲報紙，斑馬線報紙捲不要太長，讓每根報紙捲的長度一致。
- 讓孩子自己來排報紙捲的距離和位置，孩子會更有參與感，更投入到遊戲中。

環遊世界

年齡｜4～6歲
器材｜報紙、音樂和播音設備

★ 促進重點

穩定性動作｜旋轉、動態平衡
移動性動作｜走、跑
創造力｜想像

玩法：

1. 孩子把攤開的報紙舉在頭頂上，依照主題跟隨音樂做動作。音樂停下時，把報紙摺成一半，站到報紙的上面，看看誰站得最穩。

2. 可以隨著報紙的大小變換主題動作，一起配合音樂運用報紙變換各種想像遊戲：

   ● **風箏**（全開報紙）
   孩子雙手拉住報紙兩端，快快走讓報紙飛起來。

   ● **開車**（半開報紙）
   把報紙當成方向盤，玩開車遊戲。

   ● **端盤子**（1/4報紙）
   把報紙當成盤子單手端著，可以挑戰轉圈。

   ● **頭頂**（1/8報紙）
   把報紙放在頭頂上走路。

小叮嚀

● 搭配想像情境會讓活動更有趣，鼓勵孩子想辦法讓腳不要超出報紙的範圍，例如：報紙是池塘裡的大石頭，沒站在石頭上，就會掉到水裡喔！

大肚皮

年齡｜4～6歲
器材｜報紙、音樂和播音設備

★ 促進重點

移動性動作｜走、跑
勁力意識｜移動時間

玩法：

1. 把報紙攤開來，按壓在肚子前，再把手放開並開始快快走。

2. 一起來當大肚皮，隨著音樂到處移動，並想辦法讓報紙黏在身上不掉落。

3. 可以問問孩子，遊戲過程中報紙是不是都沒有掉落？看誰掉落的次數最少。

小叮嚀

● 試試加快速度，讓風力把報紙緊緊貼在身上。

主題 **8** 絲巾飄啊飄

動作焦點

　　絲巾是很容易取得的素材，其柔軟、質輕的特性，可以讓孩子覺得很有安全感，絲巾遊戲更是多元而富有變化，讓孩子隨心所欲的拿著絲巾自在揮舞，一方面展現了穩定性技能中的揮動、扭轉、伸展等動作，一方面為了讓絲巾能動起來，也學著如何有效操控絲巾。絲巾質地輕柔且掉落緩慢，非常適合和孩子進行操作性動作中拋與接的練習。

　　由於學齡前的孩子，小肌肉和知覺能力都還在持續發展，絲巾拋接遊戲可以讓孩子練習操控物體及手眼協調能力。如果孩子在這些能力上有多些學習和體驗，將會對他日後的操作性動作發展有很大的幫助。遊戲時，讓孩子有成功的學習經驗也是很重要的。對小一點的孩子來說，接高處掉下來的絲巾，會比把絲巾往上拋再接住容易些，所以我們也可以適時調整遊戲的方式，讓孩子玩得更有成就感、更有自信。現在就帶著孩子一起來玩有趣的絲巾遊戲吧！

年齡	活動名稱	穩定性動作	移動性動作	操作性動作	健康體適能	競技體適能	知覺運動學習	概念學習
2-4歲	蝴蝶飛啊飛	揮動、彎曲、伸展、扭轉、旋轉					身體意識：肢體表達 勁力意識：移動時間 空間意識：高度	創造力：想像
2-4歲	絲巾抓啊抓	揮動、擺動、伸展、蹲	跳			瞬發力	空間意識：高度	
2-4歲	鬥牛衝啊衝		跑				勁力意識：移動時間 空間意識：高度、方向	創造力：想像
4-6歲	風箏飄啊飄		跑		心肺耐力		勁力意識：移動時間	創造力：想像
4-6歲	拋接絲巾			拋、接				
4-6歲	抓絲巾尾巴		跑			敏捷性、協調性		

蝴蝶飛啊飛

年齡｜2～4歲
器材｜絲巾

★ 促進重點

穩定性動作｜揮動、彎曲、伸展、扭轉、旋轉
身體意識｜肢體表達　勁力意識｜移動時間
空間意識｜高度　創造力｜想像

玩法：

1. 把兩條大絲巾一起打結，兩端繫在孩子的手臂上，變成蝴蝶的翅膀。一起唱蝴蝶相關的兒歌，像是「蝴蝶、蝴蝶，生得真美麗……」，想像自己是蝴蝶，上下揮動手臂。

2. 鼓勵改變飛行和移動的速度，感受快與慢的不同。

3. 大人可以用雙手比出開花，邀請孩子來吸花蜜，並可以變換「花」的高度。讓孩子踮腳或彎腰，感受身體「向上延伸」和「向下彎曲」的差異。

絲巾抓啊抓

年齡｜2～4歲
器材｜絲巾

★ 促進重點

穩定性動作｜揮動、擺動、伸展、蹲
移動性動作｜跳　競技體適能｜瞬發力
空間意識｜高度

玩法：

1. 大人把絲巾高高舉起，請孩子試著從高處抓下絲巾。

2. 待孩子熟練抓絲巾的動作之後，可以增加絲巾的數量，讓孩子一次抓到兩條絲巾，或同時用兩隻手抓絲巾。

小叮嚀

● 大人可以依照孩子的身高來調整絲巾的高度，一開始先放在孩子踮腳和高舉手臂就能搆到的位置，再慢慢升高絲巾，鼓勵孩子瞄準和跳起來抓。

鬥牛衝啊衝

年齡｜2～4歲
器材｜絲巾

★ 促進重點

移動性動作｜跑　勁力意識｜移動時間
空間意識｜高度、方向　創造力｜想像

玩法：

1. 絲巾要變成鬥牛的紅布巾囉！對孩子說：「我們來玩鬥牛遊戲，
   我是鬥牛士，你是小牛，把雙手放在頭上當作牛角。」

2. 請大人站在固定的位置，穩穩抓好絲巾，方便孩子瞄準
   和衝向絲巾，體驗絲巾拂過臉時的柔軟觸感。

3. 大人可以改變絲巾的高度，像是：
   「絲巾變低了，小牛過得去嗎？」
   當孩子因應絲巾的高度，調整穿越時的姿勢，
   空間感與應變力，自然也會越來越好。

4. 請大人拿著絲巾慢慢移動，讓孩子試著預測
   移動的目標，修正自己的奔跑方向，增加挑戰性。

小叮嚀

● 在安全無虞的前提下，可以鼓勵孩子稍微加快奔跑的腳
  步，感受「快與慢」速度的差異。

風箏飄啊飄

年齡｜4～6歲
器材｜絲巾

★ 促進重點

移動性動作｜跑　健康體適能｜心肺耐力
勁力意識｜移動時間　創造力｜想像

玩法：

1. 讓孩子一手抓住方巾一角，舉高雙手，快速往前跑，哇！方巾變成風箏了。

2. 跟孩子一起在空曠的地方抓著絲巾到處跑，試試看怎麼樣才不會讓風箏掉下來？

3. 跟孩子快步向前跑，看誰可以讓絲巾風箏一直保持飛動？

拋接絲巾

年齡｜4～6歲
器材｜絲巾

★ 促進重點

操作性動作｜拋、接

玩法：

1. 讓孩子把絲巾揉成小團，用力往上拋，再接住絲巾。拋之前，可以提醒他先把絲巾揉成一小團，會更容易往上拋。

2. 等到孩子往上拋和接住絲巾的動作都很熟練之後，可以慢慢增加絲巾的數量，變成兩條、三條，會更刺激、好玩！

小叮嚀

● 孩子較常往下拋，少有往上拋的經驗。一開始可能還無法單靠手臂的力量把東西往上拋，需要透過整個身體往上跳的動作，才能順利拋出絲巾。只要多練習幾次，就能逐漸掌握怎麼用手把絲巾往上拋的技巧。

抓絲巾尾巴

年齡│4～6歲
器材│絲巾

★ 促進重點

移動性動作│跑
競技體適能│敏捷性、協調性

玩法：

1. 每人拿一條絲巾，把絲巾塞在褲子後方當成長長的尾巴，來玩抓尾巴的遊戲。

2. 在空曠地方奔跑，看誰可以抓到對方的尾巴。

3. 可以變換數量和固定法，例如：塞在衣領、褲子多放幾條等，也可以用絲巾顏色分組來抓尾巴，增加遊戲趣味。

小叮嚀

● 孩子為了不讓尾巴被抓到，就會跑得很快，提醒孩子要適時放慢腳步，注意動線，避免孩子撞到或跌倒。

鈴鼓遊戲

動作焦點

　　聲音，一向最容易吸引孩子的注意。這個主題，我們將利用鈴鼓結合動作，進行有趣的鈴鼓遊戲，透過改變鈴鼓聲音的強弱與節奏，讓孩子將聲音與肢體動作做巧妙的結合，增加孩子的平衡感、跳躍能力及對節奏的感受力。

　　小一點的孩子在進行「蹲低跳高，拍鈴鼓」遊戲時，大人可以提醒他，將膝蓋彎曲、擺動雙臂再跳起，讓自己能跳得更高。而在「戴鈴鼓帽，玩平衡」中，大人可以先讓孩子站在原地、頭頂鈴鼓維持平衡，接著再鼓勵他慢慢往前走，練習平衡與控制身體。大一點的孩子則可以變化遊戲的難度，同樣頭頂鈴鼓來進行平衡遊戲，甚至進行有高度的挑戰，讓孩子在維持平衡並移動中，增進身體的協調性。對孩子來說，要維持身體的動態平衡並不容易，但藉由練習，可以幫助他越做越好。現在，就為孩子淨空場地，布置安全的環境，進行有趣的鈴鼓遊戲吧！

年齡	活動名稱	穩定性動作	移動性動作	操作性動作	競技體適能	知覺運動學習	概念學習
2-4 歲	聽聲音，移動急停		走、跑		協調性	勁力意識：節奏、流暢度	創造力：想像
2-4 歲	戴鈴鼓帽，玩平衡	靜態平衡、動態平衡	走				
2-4 歲	蹲低跳高，拍鈴鼓	蹲	跳		瞬發力	空間意識：高度	
4-6 歲	打擊魔鬼	蹲	跑、跳	拍擊	敏捷性、協調性	空間意識：路徑	認知能力：規則理解
4-6 歲	頂鈴鼓繞行賽	動態平衡	走			空間意識：路徑	
4-6 歲	頂鈴鼓走平衡木	動態平衡	走、併步				

聽聲音，移動急停

年齡 | 2～4歲
器材 | 鈴鼓

★ 促進重點

移動性動作 | 走、跑
競技體適能 | 協調性
勁力意識 | 節奏、流暢度
創造力 | 想像

玩法：

1. 拿起鈴鼓，搖出「鈴、鈴、鈴」的聲音，請孩子動動身體，但只要聽到「啪！」拍一下鈴鼓時，就要停止動作。

2. 活動一開始，可以告訴孩子：「小鈴鼓變成小鬧鐘囉！當聽見『鈴、鈴、鈴』時，快找到小床趴下來睡覺，等聽見鈴鼓『啪！』的聲音時，就要立刻醒過來喔！」

3. 可以讓孩子自己敲鈴鼓、發號施令，掌控遊戲進行的動靜與快慢，也會更加投入其中。

小叮嚀

● 只要符合「移動」和「急停」的遊戲，都可以用鈴鼓和孩子試著想像。
例如：把鈴鼓變成「交通號誌」，讓孩子變成一輛小汽車隨意跑動，但當孩子聽到「啪」的拍打聲就表示紅燈，必須停下來。

戴鈴鼓帽・玩平衡

年齡｜2～4歲
器材｜鈴鼓

★ 促進重點

穩定性動作｜靜態平衡、動態平衡
移動性動作｜走

玩法：

1. 讓孩子試著把鈴鼓放在頭頂上，一邊變換姿勢，一邊保持平衡，別讓鈴鼓掉下來喔！

2. 等孩子已能站在原地，維持鈴鼓在頭上而不掉落時，再鼓勵他戴著鈴鼓帽往前走幾步，試試看能不能邊走邊保持平衡，或是改變走動的方向。

小叮嚀

● 對小小孩而言，要將鈴鼓頂在頭上不掉下來，有一定的難度。大人可以先示範，再請孩子跟著試試看，協助他把鈴鼓放在頭頂上，感受鈴鼓在頭上的感覺，再讓他練習維持平衡，不讓鈴鼓掉下來。

● 剛開始遊戲時，孩子可能會忍不住用雙手扶鈴鼓，大人可以鼓勵孩子慢慢放開雙手，練習調整頭部和身體傾斜的角度，試著用自己的方式去探索、展現身體的平衡能力。

蹲低跳高，拍鈴鼓

年齡｜2～4歲
器材｜鈴鼓

★ 促進重點

穩定性動作｜蹲
移動性動作｜跳
競技體適能｜瞬發力
空間意識｜高度

玩法：

1. 將鈴鼓拿在手上，變化鈴鼓的高度，再邀請孩子試一試，看看能不能拍到鈴鼓！

2. 剛開始遊戲時，大人可先將鈴鼓放在孩子伸手舉高即可拍到的高度；等孩子熟練之後，再提高鈴鼓的高度，讓他嘗試跳起拍打鈴鼓，練習跳躍的動作。

3. 為了增進孩子的跳躍能力和身體的協調性，建議大人可變換鈴鼓拍打的位置，有時將鈴鼓拿高，有時放低，讓孩子交替練習跳起來或蹲下拍。

4. 等到孩子熟悉這個遊戲之後，可以讓他練習主導遊戲，換孩子拿著鈴鼓，看大人能拍中幾次，增加遊戲的趣味性。

小叮嚀

● 可以提醒孩子先蹲再往上跳來帶動身體，會越跳越好喔！

打擊魔鬼

年齡｜4～6歲
器材｜2個鈴鼓、繩子

★ 促進重點

穩定性動作｜蹲
移動性動作｜跑、跳
操作性動作｜拍擊
競技體適能｜敏捷性、協調性
空間意識｜路徑
認知能力｜規則理解

玩法：

1. 把鈴鼓用繩子懸掛在高處，讓孩子進行跳拍的遊戲。鼓勵孩子用蹲起跳躍的方式，拍打鈴鼓的中心。

2. 設定路線，在起點和終點處分別懸掛鈴鼓，進行折返跑三次的打擊魔鬼遊戲。

3. 可以設定目標，將鈴鼓標示號碼，孩子出發須照號碼指示，跳與拍擊鈴鼓，例如1、2、2、1、2。

小叮嚀

● 鈴鼓擺放的位置可以考量孩子舉起手後尚有一段距離的高度，隨著練習和遊戲進行再往上提高些，變化遊戲的難度。

● 也可以分組進行競賽，看哪組最先完成打擊魔鬼的任務。

頂鈴鼓繞行賽

年齡｜4～6歲
器材｜鈴鼓、瓶罐

★ 促進重點

穩定性動作｜動態平衡　移動性動作｜走
空間意識｜路徑

玩法：

1. 讓孩子把鈴鼓放在頭頂上，練習一邊移動，一邊保持平衡，記得提醒孩子，別讓鈴鼓掉下來喔！

2. 擺設瓶罐當作角錐，設定起始點和終點，讓孩子頂著鈴鼓進行繞行遊戲，如果掉落，就要從掉落點重新放好鈴鼓再前進。也可以分組遊戲，看誰先抵達終點！

小叮嚀

● 讓孩子試著不碰觸頭上的鈴鼓張開手穩穩移動，先不求快，等掌握好動態平衡的技巧後，再來進行競賽遊戲。

頂鈴鼓走平衡木

年齡｜4～6歲
器材｜鈴鼓、平衡木或紙積木

★ 促進重點

穩定性動作｜動態平衡　移動性動作｜走、併步

玩法：

1. 讓孩子把鈴鼓放在頭頂上，用側併步或前併步的方式慢慢移動。可以把雙手張開來，幫助自己穩穩的往前移動。

2. 若孩子可以用側併步或前併步的方式移動，便可以用兩腳交替的方式往前走。

主題 **10** 繩子闖關賽

動作焦點

粗粗的童軍繩不但能自由彎曲，其可拉、可甩、可綁、可盪等不同特性，更能拿來進行多元的肢體活動。在這個主題，我們就要用繩子變化各種遊戲，促進孩子肢體的敏捷性與操控力。把繩子拉緊，可以作為孩子伸展身體的工具；甩動繩子讓孩子追視與抓握，可以促進孩子的反應與抓握力；在繩子上也可以採側併步的方式移動。這些都是小一點的孩子，可以運用繩子進行的身體遊戲。

大一點的孩子則可以加入更多的挑戰，例如：讓孩子在長長繩子的左右兩邊連續雙腳跳，不僅結合方位的轉換，還可以練習下肢肌力；而雙手提起踩繩的單腳跳躍活動，則需要保持動態的平衡和良好的四肢肌力；和同伴一起跳過和鑽過繩子，則涉及了反應時間、空間意識和身體的協調性，透過合作遊戲，嘗試自我挑戰，也讓孩子學會閃躲，培養迅速反應的能力。現在就一起來進行繩子的闖關遊戲吧！

年齡	活動名稱	穩定性動作	移動性動作	健康體適能	競技體適能	知覺運動學習	概念學習
2-4 歲	**繩子伸展操**	擺動、彎曲、伸展、扭轉		肌力			
2-4 歲	**抓泥鰍特技**	揮動		肌力	敏捷性		創造力：想像
2-4 歲	**螃蟹走**	動態平衡	走、併步				創造力：想像
4-6 歲	**兔子左右跳**		跳	肌力	敏捷性、協調性	空間意識：方向	創造力：想像
4-6 歲	**袋鼠拉繩跳**	動態平衡	跳	肌力、肌耐力			創造力：想像
4-6 歲	**波浪舞**		跨跳、爬		協調性	勁力意識：移動時間 空間意識：高度、方向	創造力：想像

繩子伸展操

年齡｜2～4歲
器材｜童軍繩或粗繩

穩定性動作｜擺動、彎曲、伸展、扭轉
健康體適能｜肌力

玩法：

1. 準備短的童軍繩，請孩子坐在地上，雙手握住童軍繩的兩端，一起來做伸展操。

2. 先將雙手打直舉起，手臂向外側用力，拉緊繩子；手臂向內靠近，讓拳頭碰拳頭，放鬆繩子，可連續隨著「拉緊」、「放鬆」的口令進行幾次。

3. 再請孩子向前伸直雙臂，保持繩子拉緊，手臂慢慢往上舉高左右擺動。亦可以手臂平舉慢慢向左轉、向右轉。

4. 也可以試著拉緊童軍繩向上，向左彎、向右彎的轉動身體，進行左右扭轉彎曲。

5. 將童軍繩繞過腳底板，抓握住繩子兩邊，控制繩子慢慢把腳抬起來、再慢慢放下；再換腳用相同的方式進行。

小叮嚀

● 提醒孩子盡量把手臂和腿部打直，可以加強拉筋的效果喔！
● 用繩子抬腳時，可以先試試單腳，再看看能不能把兩隻腳同時抬起來，感覺不同的重量。

抓泥鰍特技

年齡｜2～4歲
器材｜童軍繩或粗繩

★ 促進重點

穩定性動作｜揮動　健康體適能｜肌力
競技體適能｜敏捷性　創造力｜想像

玩法：

1. 準備一條短的童軍繩，大人快速輕甩繩子，製造出泥鰍扭動的樣子，讓孩子去追和抓繩子。

2. 也可以角色互換，換孩子來甩動繩子，讓大人來抓泥鰍！

3. 遊戲時，可以先從定點開始，再移位，變換甩動的位置，看孩子能不能即時抓住。

小叮嚀

● 繩子可以對摺成約 50～60 公分並綁上一個結，當作泥鰍的頭，幫助孩子更容易抓到泥鰍。
● 將繩子的一端垂放在地上，泥鰍會更逼真。

螃蟹走

年齡｜2～4歲
器材｜童軍繩或粗繩

★ 促進重點

穩定性動作｜動態平衡
移動性動作｜走、併步
創造力｜想像

玩法：

1. 將繩子擺成大大的S型，沿著繩子側身學螃蟹橫著走，到達終點就過關囉！

2. 等孩子熟悉側併步動作後，可以再請孩子改以前併步或兩腳交替往前走。

兔子左右跳

年齡｜4～6歲
器材｜童軍繩或粗繩

★ 促進重點

移動性動作｜跳
健康體適能｜肌力
競技體適能｜敏捷性、協調性
空間意識｜方向
創造力｜想像

玩法：

1. 把繩子擺成適當寬度的兩條直線，讓孩子學兔子側併跳，左右連續躍過繩子前進。

2. 除了左右跳，也可以進行原地轉身跳，兩腳跨在線的兩邊，依前後指令跳面向前方、轉身跳面向後方。

小叮嚀

● 這個動作需要同時向側邊和前方移動，孩子需要妥善掌握核心的力量，才能有效控制身體前進的方向。

袋鼠拉繩跳

年齡 | 4～6歲
器材 | 童軍繩或粗繩

★ 促進重點

穩定性動作 | 動態平衡
移動性動作 | 跳
健康體適能 | 肌力、肌耐力
創造力 | 想像

玩法：

1. 取一段長度適當的繩子，讓孩子單腳踩上繩子的中心，並用雙手提起繩子的兩端。想像自己是袋鼠，原地跳，看誰可以單腳跳最久。

2. 也可以設定起始點和終點，拉好繩子，開始連續往前單腳跳，比賽看誰先單腳跳到終點。

小叮嚀

● 這個動作雖然是單腳跳，但手部抓握的力量也很重要，可以幫助保持身體的平衡。

● 用左腳跳完，記得換右腳，才能維持身體肌力的平衡喔！

波浪舞

年齡｜4～6歲
器材｜童軍繩或粗繩

★ 促進重點

移動性動作｜跨跳、爬
競技體適能｜協調性
勁力意識｜移動時間
空間意識｜高度、方向
創造力｜想像

玩法：

1. 找一條長長的繩子，由兩人分別在兩端甩繩、製造波浪。

2. 浪來啦！大浪來時，請其他的孩子鑽過繩子下方；小浪來時，請其他的孩子跨跳過繩子，看看誰最厲害，能不被浪打到。

小叮嚀

● 利用繩子扎實和可自由彎曲的特性，可以帶領孩子進行豐富的肢體活動，訓練孩子敏捷的移動力、精準的操控能力和培養團體精神。
● 輪流操控繩子，練習同步擺動，但要控制力道，不可太大力。

神奇的大毛巾Ⅰ

動作焦點

　　在連續的兩個主題，我們要將每個家庭都有的大毛巾，變身成身體遊戲的器材，增加孩子的體能、觸覺刺激和前庭覺刺激。適度的搖晃、旋轉等動作，可以讓孩子有機會體驗到不同的空間方位，對於前庭系統和平衡感的發展很有幫助，還會讓孩子的動作與反應更敏捷，甚至對情緒穩定度、學習能力也有幫助。

　　大大的毛巾可以變成春捲皮，把自己捲起來、感受滾翻的趣味和觸覺刺激；也可以變成秋千，讓孩子體驗騰空擺盪的感覺；更能變成拉車，讓孩子坐著被拖拉；而運用毛巾舞龍舞獅，是讓孩子練習合作的遊戲，透過雙人前後相互搭配操弄，可以生動的表現舞龍舞獅的姿態。

　　要養成與維持孩子動起來的習慣，最好的遊戲方式就是從生活中取材，並在生活中把握身體遊戲的機會，毛巾就是很好的材料。盪秋千活動特別需要「大力士」的幫忙，就讓男性好好表現吧！相信一起玩的樂趣，會為孩子的成長留下特別的回憶。

年齡	活動名稱	穩定性 動作	移動性 動作	操作性 動作	健康 體適能	競技 體適能	知覺運動學習	概念 學習
2-4 歲	毛巾山洞		爬			協調性	空間意識：高度	創造力：想像
2-4 歲	毛巾壽司	旋轉、動態平衡						創造力：想像
2-4 歲	盪秋千	支撐、旋轉、 動態平衡		懸吊	肌力			
4-6 歲	捲春捲	動態平衡	滾					創造力：想像
4-6 歲	舞龍舞獅	擺動、扭轉			肌力		勁力意識：節奏	
4-6 歲	毛巾拉車	靜態平衡			肌力			創造力：想像

毛巾山洞

年齡｜2～4歲
器材｜大毛巾、2張椅子

★ 促進重點

移動性動作｜爬
競技體適能｜協調性
空間意識｜高度
創造力｜想像

玩法：

1. 將毛巾鋪在椅子上方，製造出一個小山洞。

2. 請孩子假裝是小火車，可以跟他說：「小火車要過山洞囉！嘟嘟——傾鏘傾鏘——」

3. 用想像力引導孩子以不同的姿勢爬過山洞。例如：高高的大卡車（半蹲）、搖搖擺擺的小鴨子（全蹲）、靈活的大鱷魚（匍匐前進）等。

小叮嚀

● 為了遊戲的安全，請挑選高度適中、沒有尖角的椅子當作山洞。
● 孩子用不同姿勢在洞裡爬行前進時，會運用到不同身體部位的大肌肉、促進大肢體的協調性，也可以感受身體與山洞的空間關係，增進空間意識的養成。

毛巾壽司

年齡｜2〜4歲
器材｜大毛巾

★促進重點

穩定性動作｜旋轉、動態平衡
創造力｜想像

玩法：

1. 孩子站著，大人一邊拉住毛巾的短邊，一邊引導孩子轉動身體，把自己包起來，變成壽司。如果孩子還不太會轉，大人可以扶著他的身體或肩膀，帶動旋轉。

2. 大人跟孩子說：「我要把壽司吃掉囉！」然後慢慢抽起毛巾，一面假裝大口吃掉壽司，一面讓孩子逆向旋轉出來。

3. 可以讓孩子嘗試手在毛巾內和毛巾外的兩種轉法，學習調整姿勢，保持平衡感。

小叮嚀

● 抽起毛巾時，速度不宜過快，要注意四周活動範圍的安全。
● 大人認真吃壽司不只能增添遊戲趣味，也能促進孩子的想像力。

盪秋千

年齡｜**2～4歲**
器材｜**大毛巾**

★ 促進重點

穩定性動作｜支撐、旋轉、動態平衡
操作性動作｜懸吊
健康體適能｜肌力

玩法：

1. 將毛巾捲成長條，在尾端打一個結。確定結很牢固之後，大人提著毛巾結，讓孩子抓握住毛巾，並跨坐在結的上方，玩毛巾盪秋千。

2. 等孩子雙手握緊後，大人再提起毛巾。可以先原地上下移動毛巾，再慢慢繞圈轉動，讓孩子體驗旋轉與離心的感覺。

小叮嚀

● 只靠雙手的抓握力來支撐身體的重量，對孩子來說是比較困難的，因此，要用身體的其他部位來協助，像是將屁股坐在結上來支撐身體。

● 遊戲過程中，隨時提醒孩子「要抓緊喔！」如果孩子會害怕就停止遊戲。將孩子提起繞圈時，速度不可過快，以免旋轉的離心力超過孩子的握力，而發生危險。

● 進行遊戲時，持續時間不要太久，提起離地也不要太遠，最好在地上鋪上軟墊，做好安全措施。

捲春捲

年齡 | 4～6歲
器材 | 大毛巾、地墊

★ 促進重點

穩定性動作 | 動態平衡
移動性動作 | 滾
創造力 | 想像

玩法：

1. 把大毛巾放在床墊或軟墊上，請孩子躺在毛巾的一頭，手抓住毛巾上方，想辦法讓毛巾把自己捲成一根春捲。

2. 吃春捲囉！讓孩子反方向再滾開毛巾。

3. 吃春捲時，可以問問孩子「春捲裡包什麼呢？」增加遊戲的對話。

4. 也可以雙人合作，一個人當春捲，一個人幫忙捲，再把毛巾拉開來，增加互動性。

小叮嚀

● 捲毛巾時，要讓孩子的手緊貼在身體兩側，頭要露出毛巾之外，確保遊戲安全。

● 拉起毛巾讓孩子滾翻時，速度不要太快，並注意滾翻的安全空間。

舞龍舞獅

年齡 | 4～6歲
器材 | 大毛巾、鼓

★ 促進重點

穩定性動作 | 擺動、扭轉
健康體適能 | 肌力
勁力意識 | 節奏

玩法：

1. 把大毛巾舉在頭上，口中唸著「咚咚咚咚鏘！」的節奏，上下左右舞動毛巾，就像在舞獅一樣。

2. 可以一人當獅頭、一人當獅尾，並提醒孩子說：「獅尾要跟著獅頭走喔！」然後投入的舞動毛巾，請當獅頭的人改變身體的高度和方向，讓當獅尾的人模仿。

3. 交換當獅頭，提醒孩子可以自己決定要往哪裡走、做什麼動作，再換獅尾來跟隨模仿他，這樣會讓孩子很有成就感喔！

小叮嚀
● 舞獅的動作比較抽象、難度也較高，大人可以先示範舞獅的動作，讓孩子先幫忙跟著節奏來打鼓。

毛巾拉車

年齡｜4～6歲
器材｜大毛巾

★ 促進重點

穩定性動作｜靜態平衡
健康體適能｜肌力
創造力｜想像

玩法：

1. 把大毛巾鋪在地上，跟孩子說：「毛巾變成車子了！」邀請孩子背對坐下，提醒他抓好毛巾，另一個人來拉動毛巾前進。

2. 可以一邊念唱跟車子相關的兒歌，例如：「火車快飛」或是「叭！叭！叭！小汽車，邊跑邊唱歌！」，增加活動的樂趣。

小叮嚀

● 先觀察孩子是否能坐在毛巾上保持平衡。待孩子坐得很穩之後，再請拉毛巾的人變換移動的方向，讓坐毛巾的人體驗快、慢和左、右的不同，訓練平衡感。
● 拉動時，提醒孩子速度不宜過快，且不可瞬間放開毛巾，以免受傷。

主題 12 神奇的大毛巾 II

動作焦點

　　除了可以玩和觸覺與前庭覺相關的平衡擺盪遊戲，我們也可以利用大毛巾可盛裝物品及其柔軟的觸感和延展性，跟孩子一起玩上下擺動、波浪與抓握遊戲，讓孩子在活動的過程中，練習運用身體的肌力、手指的抓握能力，以及感受擺動時的韻律感。

　　這個主題，我們同樣運用大毛巾結合扮演情境，進行促進肌力的身體遊戲。小小孩可以化身成為小小漁夫，把毛巾裡的球當作魚，玩抓魚（球）的遊戲，而讓孩子依據指定的數量和顏色選取毛巾裡滾動的球，對孩子的手眼協調能力和數字、顏色的認知能力，也會有很大的幫助。大一點的孩子則可以運用大毛巾，進行有助於肌力的動作挑戰，軟質的大毛巾有別於硬質的棍棒，孩子可結合毛巾做身體的彎曲和伸展，一邊移動身體，一邊控制毛巾，是頗富挑戰性的肌力遊戲。

年齡	活動名稱	穩定性動作	移動性動作	健康體適能	競技體適能	知覺運動學習	概念學習
2-4 歲	漁網捕魚囉	揮動、彎曲、蹲		肌力	協調性、反應力		認知能力：認知概念 創造力：想像
2-4 歲	漁夫來了		跑、跨跳、跳				創造力：想像
2-4 歲	小螃蟹過河	動態平衡	併步			關係意識：人與物	創造力：想像
4-6 歲	水手划船	彎曲、伸展、支撐		肌力、肌耐力			創造力：想像
4-6 歲	毛毛蟲爬呀爬	彎曲、伸展、支撐、動態平衡		肌力、肌耐力			創造力：想像
4-6 歲	大毛巾拔河	靜態平衡		肌力			

漁網捕魚囉

年齡 | 2～4歲
器材 | 大毛巾、彩色小球

★ 促進重點

穩定性動作 | 揮動、彎曲、蹲
健康體適能 | 肌力
競技體適能 | 協調性、反應力
認知能力 | 認知概念
創造力 | 想像

小叮嚀

●提醒大人,用大毛巾玩捕魚遊戲時,給予孩子適當的拉力即可,別讓孩子因為力量不足、抓握不住毛巾,而不小心跌倒受傷喔!

玩法:

1. 請孩子抓握毛巾邊角,大人抓另一邊,一起玩海浪遊戲。

2. 輕輕抖動毛巾,形成較小的波浪,再隨機變換海浪的大小,促進孩子的抓握能力與韻律感。

3. 在大毛巾裡放彩色小球,毛巾變成漁網囉!盡可能的抖動毛巾,可是不能讓小魚(球)逃走。

4. 還可以由兩位大人抖動毛巾,請孩子來捕魚,並變換遊戲和數量:「你可以抓1隻紅色的魚給我嗎?」或是「請幫我抓3隻魚!」鼓勵孩子瞄準、抓住特定顏色或數量的球,來增加挑戰性!

漁夫來了

年齡｜2～4歲
器材｜大毛巾、音樂和播音設備

★ 促進重點

移動性動作｜跑、跨跳、跳
創造力｜想像

玩法：

1. 邀請孩子想像自己是小魚，大人拿著大毛巾漁網當漁夫，和孩子說：「小魚要小心躲過漁夫的網子喔！」

2. 一起進行以下遊戲：

   ● **小魚躲貓貓**：一個大人抓著大毛巾的兩側當洞穴，另一個大人當漁夫；孩子是小魚，小魚要躲在洞穴裡面，才不會被漁夫抓到。漁夫來時，大人可以移動大毛巾，幫助小魚找到洞穴躲起來。

   ● **漁夫捕魚**：小魚跟著音樂或歌曲（如：「白浪滔滔」）到處游泳。當音樂或歌聲停下時，就表示漁夫來了，小魚要趕快趴下來，這樣漁夫的大毛巾漁網就只會輕輕拂過小魚的身體。

   ● **跳過漁網**：把大毛巾鋪在地上，假裝是漁網，讓孩子跨跳過漁網。

小叮嚀

● 剛開始玩「跳過漁網」時，可以先將大毛巾摺成細的長條狀，讓孩子以雙腳跳的方式跳過毛巾。有了成功的經驗後，再逐漸把毛巾變寬，增加孩子向前跨跳的距離。

小螃蟹過河

年齡｜**2～4歲**
器材｜**大毛巾、球或沙包、瓶子或椅子**

★ 促進重點

穩定性動作｜動態平衡
移動性動作｜併步
關係意識｜人與物
創造力｜想像

玩法：

1. 在大毛巾中放入沙包或球，和孩子一人抓握一邊的毛巾，一起來學小螃蟹用側併步的方式移動。

2. 在地上貼兩條平行的膠帶，中間擺放椅子或瓶子做標示，當成河流。

3. 小螃蟹運送沙包或球時，分別站在河流的兩岸，抓握住毛巾，橫著以側併步一腳接著一腳來移動過河。

小叮嚀

● 對低幼的孩子來說，要在移動中保持平衡需要有良好的控制力，因此不用追求速度，一起慢慢的確實用側併步的方式移動。

● 先運送有摩擦力的物品，例如沙包，再變成布球，再換成皮球，藉此變化難度並增加樂趣。

水手划船

年齡｜4～6歲
器材｜大毛巾、瓶罐

★ 促進重點

穩定性動作｜彎曲、伸展、支撐
健康體適能｜肌力、肌耐力　創造力｜想像

玩法：

1. 請孩子想像自己是水手，坐在大毛巾上來划船。用屁股結合雙腳彎曲收緊、伸直推進來帶動大毛巾向前移動。

2. 可以自由移動，也可以設定標的物，請小水手繞過當角錐的瓶罐再划回來。

小叮嚀

● 遊戲的空間需要在光滑的地面上進行，減少阻力。提醒孩子可把雙手放在屁股兩旁，身體隨著前傾前進來幫忙推進。

毛毛蟲爬呀爬

年齡｜4～6歲
器材｜大小毛巾

★ 促進重點

穩定性動作｜彎曲、伸展、支撐、動態平衡
健康體適能｜肌力、肌耐力　創造力｜想像

玩法：

1. 與孩子一起變身成毛毛蟲，跪在大毛巾上，用手和膝蓋撐住毛巾前端和後端來推進移動，學毛毛蟲努力往前爬。

2. 也可以雙手放在一條小毛巾、雙腳跪在另一條小毛巾上，用手腳推動來帶動毛巾前進。

小叮嚀

● 可以先從原地的姿勢開始練習，等孩子掌握好伸縮和帶動毛巾的節奏感時，再用力推進。

大毛巾拔河

年齡｜4～6歲
器材｜大毛巾

★ 促進重點

穩定性動作｜靜態平衡
健康體適能｜肌力

玩法：

1. 把毛巾捲起來變成長條狀，讓孩子一人坐一邊，一起來玩毛巾拔河，看看誰的力氣大。

2. 再變換成兩人站著拔河，可以先定點不移動雙腳，讓孩子一邊出力、一邊保持平衡，雙方都不能移動腳，看誰的腳先被拉動就輸了。

3. 也可以變成一人站著、一人坐著或趴著的方式拔河，兩人各自抓握毛巾的一端，試試看站著的人能不能拖得動坐著或趴著的人。

小叮嚀

● 可以選用大但不厚重的毛巾進行，遊戲前讓孩子自己動手捲毛巾，也可以增進肌肉控制能力。
● 抓握毛巾時，大人可以先示範握法和拉毛巾的方式，提醒不要太後仰，以免摔倒受傷。

動作焦點

　　呼拉圈除了用來搖動之外，它空心的環形設計，可以創造許多鑽、爬、滾等動作的機會，是幫助孩子建立內外空間與估量距離的好器材。接下來連續兩個主題，我們就利用呼拉圈來進行有趣的身體活動吧！

　　小一點的孩子，我們可以結合想像，將呼拉圈當成車子的方向盤，和孩子進行「小汽車」四處開車的遊戲，在移動的過程中，感受自己和他人的空間距離；也可以進行雙人遊戲，在呼拉圈的一推一拉中，練習伸展身體。大一點的孩子，可以運用呼拉圈和好朋友進行速度相關的遊戲，包含快速的彎曲身體鑽洞和互換位置，或合作進行扭轉及鑽呼拉圈的動作。

　　這些互動遊戲除了能加強孩子的協調能力、幫助發展空間意識，更是孩子學習與他人相處、培養團隊精神的好機會。一起來跟孩子體驗好玩的呼拉圈遊戲吧！

年齡	活動名稱	穩定性動作	移動性動作	操作性動作	健康體適能	競技體適能	知覺運動學習	概念學習
2-4歲	小汽車叭叭叭		走		肌力		空間意識：位置	認知能力：認知概念 創造力：想像
2-4歲	划船樂	擺動、伸展				協調性		創造力：想像
2-4歲	鴕鳥跑步	動態平衡	跑			協調性	空間意識：位置	創造力：想像
4-6歲	快速鑽洞	彎曲、蹲				敏捷性	勁力意識：移動時間 關係意識：人與物	
4-6歲	好朋友換位置		跑	接		協調性	空間意識：距離 關係意識：人與人	認知能力：規則理解
4-6歲	穿衣接力	擺動、彎曲、蹲			柔軟度	協調性		認知能力：規則理解

小汽車叭叭叭

年齡｜2～4歲
器材｜呼拉圈

★ 促進重點

移動性動作｜走
健康體適能｜肌力
空間意識｜位置
認知能力｜認知概念
創造力｜想像

玩法：

1. 讓孩子來當汽車司機，握著呼拉圈方向盤左轉轉、右轉轉，試著按按看喇叭，可以先原地開車再到處走，並搭配和開車有關的念謠，像是「坐車車，去爬山，向左彎，向右彎……」

2. 對孩子說：「你可以按一下喇叭嗎？」當一隻手用來按喇叭，只能靠一手抓方向盤時，怎麼抓、要抓哪裡才能讓方向盤維持垂直的位置，對孩子來說，也是一種考驗喔！

叭！
叭！

小叮嚀

● 遊戲時，適時融入交通規則與一些路上的車況，像是「遇到別的車子要讓開來，不要撞到別人喔！」「紅燈囉，要停下來！」「巷子裡要開慢一點，才安全喔！」等，讓遊戲更加生動的同時，也讓孩子學習掌握自己和其他人的空間位置，並熟悉交通安全的概念。

划船樂

年齡｜2～4歲
器材｜呼拉圈

★ 促進重點

穩定性動作｜擺動、伸展
競技體適能｜協調性　創造力｜想像

玩法：

1. 把呼拉圈當成船，親子面對面坐下，手臂伸直，雙手握著呼拉圈，一人向前傾，一人向後仰，一前一後拉著呼拉圈划船。

2. 可以加入想像情境來變換划法，例如：水流得好急好快或遇到大石頭，將身體一起往同一側傾倒再回正，或身體左右搖晃擺動，讓孩子更加投入遊戲。

> **小叮嚀**
> ● 提醒孩子可以用掌心朝下的方式來抓握呼拉圈，會更容易動作。
> ● 後仰時請大人隨時注意幅度，若太過激烈可以變換口令成慢慢划，讓孩子放慢速度和擺幅，以免孩子太過興奮而不小心鬆手碰撞到後腦勺。

鴕鳥跑步

年齡｜2～4歲
器材｜呼拉圈

★ 促進重點

穩定性動作｜動態平衡　移動性動作｜跑
競技體適能｜協調性　空間意識｜位置
創造力｜想像

玩法：

1. 讓孩子站在呼拉圈裡，把呼拉圈拿起來到肚子的高度，大人站在後面拉著呼拉圈，兩人一起來學鴕鳥跑步。

2. 準備好去散步囉！一起帶著呼拉圈四處走走跑跑。

快速鑽洞

年齡 | 4～6歲
器材 | 呼拉圈

★ 促進重點

穩定性動作 | 彎曲、蹲
競技體適能 | 敏捷性
勁力意識 | 移動時間
關係意識 | 人與物

玩法：

1. 每人拿一個大呼拉圈，把呼拉圈立在地上，一手扶住呼拉圈。

2. 和孩子說：「現在我們要來快速鑽洞，看誰可以快速穿過呼拉圈、不被呼拉圈打到。」

3. 讓孩子先試著成功鑽過呼拉圈，再進階挑戰，能不能鑽過呼拉圈再扶穩呼拉圈。

小叮嚀

● 提醒孩子，先把呼拉圈立穩再來鑽跨，這個遊戲也考驗著孩子的速度與反應敏捷力，如果速度不夠快，呼拉圈難免會落到身上。可以讓孩子多玩幾次，孩子會漸漸掌握鑽過和閃過呼拉圈的時機。

好朋友換位置

年齡 | 4～6歲
器材 | 呼拉圈

★ 促進重點

移動性動作 | 跑
操作性動作 | 接
競技體適能 | 協調性
空間意識 | 距離
關係意識 | 人與人
認知能力 | 規則理解

玩法：

1. 請孩子站在呼拉圈的側邊，並把呼拉圈立起來。再放開手，快速移動到另一邊扶住呼拉圈，不可以讓呼拉圈倒下！

2. 熟悉單次的瞬間移動後，再換成雙人交換位置的遊戲。改由兩個人把呼拉圈立在地上，一手扶著呼拉圈，同時放手並快速移動交換位置，再扶穩呼拉圈。

4. 也可以多人進行，每個人把呼拉圈朝著中心圍成圈，用同一隻手（如：右手）將呼拉圈立起，當聽到「換」的口令時，同時朝同一方向移動，接住別人的呼拉圈。

小叮嚀

● 兩人交換位置的遊戲除了可以訓練孩子的反應之外，也能增進快速折返跑的能力。在快速移動的過程中，較難控制每一次丟和扶呼拉圈的力道，只要多多練習，相信漸漸就能掌握到技巧和節奏囉！

穿衣接力

年齡丨4～6歲
器材丨呼拉圈

穩定性動作丨擺動、彎曲、蹲
健康體適能丨柔軟度
競技體適能丨協調性
認知能力丨規則理解

玩法：

1. 大家手牽手成一直線，來玩傳呼拉圈的穿衣接力遊戲。

2. 讓呼拉圈從第一個人傳到最後一個人，大家的手都要牽在一起不能鬆開，想想看，呼拉圈要怎麼傳呢？

3. 讓孩子先從手、頭、腳的順序穿過呼拉圈，再舉高手讓呼拉圈自然滑到下一個人的手上，也可以試試看蹲下來，先讓頭和腳穿過呼拉圈。

小叮嚀

● 可以讓孩子試試看不同的傳遞方式，看看哪一種比較快？或是增加呼拉圈的數量，並提醒一個人不能同時傳兩個呼拉圈。

● 要提醒孩子別因為過於興奮而忘記牽手。

主題 14 呼拉圈變變變 II

動作焦點

　　手、腳、眼的協調能力發展，對於這個階段的孩子而言，是非常重要的一件事，因此在這個主題，我們同樣運用呼拉圈，安排了結合移動性技能的走、跳和結合操作性技能的滾、套、接呼拉圈等遊戲，除了可以加強孩子的控制與協調能力，也可以創造出遊戲與活動的空間，變化好玩的遊戲。

　　小一點的孩子，可以用呼拉圈作為促進移動性動作技能的道具，透過踩走呼拉圈，進行併步與平衡遊戲；也可以拋出呼拉圈，進行套人與套物遊戲。大一點的孩子則可以進行多人的競賽，透過快速移動呼拉圈來幫助自己行進或快速跳躍。

　　這些多元的競賽，除了促進孩子的反應與速度，也可以增進扭、轉、跨、跑等多元的動作能力，於速度競賽遊戲中獲得樂趣。遊戲過程中，給予孩子多一些的鼓勵，多多嘗試，多多練習，如此一來，他的動作才能更加的熟練。現在就帶著呼拉圈，和孩子一起進行好玩的呼拉圈遊戲吧！

年齡	活動名稱	穩定性動作	移動性動作	操作性動作	競技體適能	知覺運動學習	概念學習
2-4 歲	踩走呼拉圈	動態平衡	走、併步		協調性		創造力：想像
2-4 歲	我會套圈圈			投		關係意識：人與物	
2-4 歲	接呼拉圈		跑	接			
4-6 歲	滾呼拉圈		跑	滾			
4-6 歲	過河拆橋	彎曲、蹲、扭轉	跨跳、跳		敏捷性		
4-6 歲	跳跳呼拉圈	扭轉	跳			關係意識：人與物	認知能力：規則理解

踩走呼拉圈

年齡｜**2～4歲**
器材｜呼拉圈

★ 促進重點

穩定性動作｜動態平衡
移動性動作｜走、併步
競技體適能｜協調性
創造力｜想像

玩法：

1. 讓孩子踩在呼拉圈上，一起繞著圓圈走，小心不要掉到圓圈裡或外！

2. 剛開始，大人可以牽著孩子的手幫助孩子保持平衡；熟悉步伐和維持平衡的感覺後，再讓孩子自己行走，過程中可以提醒孩子雙手打開來幫助身體平衡。

3. 可以融入扮演遊戲，請孩子想像自己是一輛小火車，雙腳是輪子，火車要走在鐵軌上面唷！幫助孩子更有動機的投入平衡遊戲中。

小叮嚀

● 可以試著把呼拉圈放在靠近牆壁或是櫃子的旁邊，讓孩子扶牆壁或櫃子行走而不扶大人，最後自己能保持平衡的往前進。

我會套圈圈

年齡 | 2～4歲
器材 | 不同大小的呼拉圈

★ 促進重點

操作性動作｜投　關係意識｜人與物

玩法：

1. 邀請孩子來套圈圈，拿不同大小的呼拉圈來套大人。

2. 可以變成套身體部位，由大人舉著手或腳，請孩子站一定的距離，試著把呼拉圈套進去。

3. 過程中可以扭扭身體，增加套圈圈的難度和趣味性。再交換角色，換成大人套圈圈，孩子來當標的。

接呼拉圈

年齡 | 2～4歲
器材 | 呼拉圈

★ 促進重點

移動性動作｜跑　操作性動作｜接

玩法：

1. 面對面相隔一段距離，大人把呼拉圈立起，朝孩子的方向滾過去，讓孩子用雙手夾或抓住呼拉圈。

2. 換成大人和孩子站同一邊，大人丟出呼拉圈後，孩子跑去追，並在呼拉圈落地前抓住它。

小叮嚀

● 大人丟出呼拉圈時，要試著讓呼拉圈保持直立滾動，讓孩子有足夠反應的時間。可以先站近一點，熟練之後再拉遠。

滾呼拉圈

年齡｜4～6歲
器材｜呼拉圈

★ 促進重點

移動性動作｜跑
操作性動作｜滾

玩法：

1. 請孩子每人拿一個呼拉圈，一隻手扶正呼拉圈，另一隻手推送呼拉圈的上方，讓呼拉圈直直往前滾。

2. 站一排同時滾出呼拉圈，比比看誰的呼拉圈最後才落地。

3. 再變換成滾出呼拉圈後要立即出發，在呼拉圈落地前追和抓到自己的呼拉圈。

小叮嚀

● 一開始可能還無法掌握滾動的力量和姿勢，可以讓孩子多練習幾次。

過河拆橋

年齡｜4～6歲
器材｜呼拉圈

★ 促進重點

穩定性動作｜彎曲、蹲、扭轉
移動性動作｜跨跳、跳
競技體適能｜敏捷性

玩法：

1. 每個人準備兩個呼拉圈，和孩子說：「我們來玩過河拆橋的遊戲」，設定好起始線與終點線，開始遊戲。

2. 在起始線雙腳踩進一個呼拉圈，把另一個呼拉圈擺放在前面，搭橋前進，用雙腳跳或跨跳進去後，轉身拿取身後的呼拉圈，再次擺放到前面並踏進呼拉圈，依此方式不斷往前推進，看誰先抵達終點。

小叮嚀

● 提醒孩子，擺放呼拉圈時，要確保兩個呼拉圈相連；跳進呼拉圈時，不限於雙腳跳或單腳跳，請平穩的跳或踏進呼拉圈，再轉身蹲下與扭轉、移動。透過競賽，提升遊戲性和身體敏捷性。

跳跳呼拉圈

年齡｜**4～6歲**
器材｜**呼拉圈、寶特瓶**

★ **促進重點**

穩定性動作｜扭轉
移動性動作｜跳
關係意識｜人與物
認知能力｜規則理解

玩法：

1. 分別將多個呼拉圈排成兩個直排，最後一個呼拉圈中放入瓶子，當成終點。

2. 邀請孩子一起來比賽跳跳呼拉圈！兩組分別拿起一個呼拉圈從起始線出發，連續雙腳跳到終點，將手上的呼拉圈套進瓶子後，轉身連續跳回和拿起最前面的呼拉圈，並再次跳向終點，把呼拉圈套進瓶子。

3. 依此方式持續拿起呼拉圈、連續跳和套瓶子。跳到最後一個呼拉圈時，由腳下拿起呼拉圈、穿過身體並套進瓶子，看誰先將所有的呼拉圈都套進瓶子裡，就勝利囉！

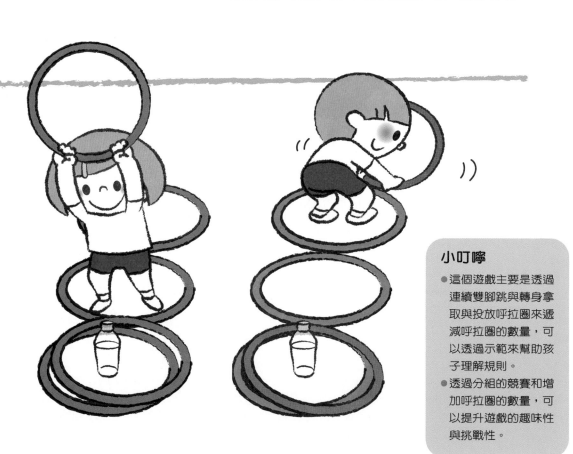

小叮嚀

● 這個遊戲主要是透過連續雙腳跳與轉身拿取與投放呼拉圈來遞減呼拉圈的數量，可以透過示範來幫助孩子理解規則。

● 透過分組的競賽和增加呼拉圈的數量，可以提升遊戲的趣味性與挑戰性。

主題 **15** 瓶瓶瓶瓶缶罐缶罐大變身

動作焦點

生活中的瓶瓶罐罐，可以變成和孩子進行身體遊戲的好道具，在這個主題，我們就要和孩子一起運用寶特瓶來進行移動性動作的身體活動。

寶特瓶可以當成角錐，幫助定位和練習控制彎、停、轉折等，除了促進孩子的手眼協調、敏捷性以及認知的概念，間隔的擺放更可以讓孩子掌握規律與空間距離，培養身體控制能力。

小一點的孩子，可以把寶特瓶排成直線或S型，再沿線折返跑或繞行跑，或在移動中拿取寶特瓶或改變寶特瓶的位置。大一點的孩子則可以加入有速度感的趣味遊戲，把不同寶特瓶當成分組的道具，在時間內看誰立得多、倒得多或拿得多等，透過快速移動的遊戲，增進身體的敏捷性與速度。寶特瓶的遊戲變化萬千，若家裡沒有，也不用特別去買，可以發揮觀察和想像力，找類似的替代物品即可。和孩子一起善用生活媒材，玩各種有趣的身體遊戲吧！

年齡	活動名稱	穩定性動作	移動性動作	競技體適能	知覺運動學習	概念學習
2-4 歲	繞瓶子		跑	敏捷性	空間意識：路徑	
2-4 歲	跑與跳		跑、跨跳、跳		空間意識：路徑	
2-4 歲	小農夫種菜		跑	敏捷性、協調性		認知能力：認知概念、規則理解 創造力：想像
4-6 歲	我是飛毛腿		跑	敏捷性、協調性	關係意識：人與物	
4-6 歲	立正國與睡覺國	彎曲、蹲	走			認知能力：規則理解
4-6 歲	搬家高手		跑	敏捷性、速度	空間意識：位置	認知能力：認知概念、規則理解

繞瓶子

年齡｜2～4歲
器材｜寶特瓶

★ 促進重點

移動性動作｜跑
競技體適能｜敏捷性
空間意識｜路徑

玩法：

1. 將瓶子排成一個大圓圈，請孩子沿著瓶子外側跑一圈。

2. 再讓孩子練習在圈外與圈內穿梭跑，並小心不讓瓶子倒下。大人可以先示範繞跑的方式和路線，幫助孩子掌握繞和轉彎的規律，會更容易進行。

小叮嚀

● 這個遊戲需要大一點的空間好擺放瓶子，擺放時留意瓶子之間的距離，要有足夠寬度讓孩子繞跑。

跑與跳

年齡│**2～4歲**
器材│**寶特瓶**

★ **促進重點**

移動性動作│跑、跨跳、跳
空間意識│路徑

玩法：

1. 每人拿一個寶特瓶放在地上當角錐，以瓶子為中心點，繞著瓶子跑；再換成雙腳跳的方式繞著瓶子跳一圈。

2. 把瓶子側倒放在地上，和孩子變換不同的移動方式，例如：用跨走、跨跳或雙腳跳的方式，來回跳過寶特瓶。

小叮嚀

● 如果孩子還無法跳很高，可以先從跳過瓶口開始練習；等孩子動作熟悉後再跳過瓶身。或大人可以一隻手牽著，給孩子一點支撐的力量。

小農夫種菜

年齡｜**2～4歲**
器材｜**呼拉圈、寶特瓶**

★ 促進重點

移動性動作｜跑
競技體適能｜敏捷性、協調性
認知能力｜認知概念、規則理解
創造力｜想像

玩法：

1. 一起來當小農夫來種菜，把呼拉圈排成一直線當成田，和孩子一起合作拿取瓶子後，出發種寶特瓶作物，讓每個呼拉圈內都放置一個瓶子。

2. 讓孩子一開始先隨意亂種，熟悉遊戲規則後，再增加挑戰性，例如指定顏色：一顆藍色的藍莓、紅色的草莓；或指定數量：從每個呼拉圈放一個瓶子，增加為兩個瓶子。

3. 也可以變化成大人去放瓶子、孩子去收瓶子，大人負責種，孩子來採收。

小叮嚀

● 透過融入想像情境，幫助孩子理解遊戲規則。例如：小農夫要來種作物，呼拉圈是田、瓶子是玉米，種玉米囉！就出發去擺放瓶子。收成囉！就把呼拉圈內的瓶子收回來。

● 一次只拿一個呼拉圈所需要的瓶子數量，讓孩子有機會練習折返跑的動作技巧。

我是飛毛腿

年齡｜4～6歲
器材｜呼拉圈、寶特瓶

★ 促進重點

移動性動作｜跑
競技體適能｜敏捷性、協調性
關係意識｜人與物

玩法：

1. 擺放瓶子當角錐，設定成起始點和終點，起始點套入兩個呼拉圈，準備當飛毛腿囉！

2. 從起點拿起呼拉圈出發，跑和運送呼拉圈到終點處，將呼拉圈套入另一個瓶子，再折返回來拿第二個呼拉圈，同樣再跑到終點並套入呼拉圈後，再跑回來。

3. 下一個人可以改成從起點空手跑去終點拿取呼拉圈再運送回來，依此方式接力折返跑。

小叮嚀

● 折返跑需要更好的身體控制力，起跑時要加速，靠近目標時則要減速。請提醒孩子套呼拉圈時，小心不要把瓶子弄倒喔！

立正國與睡覺國

年齡｜4～6歲
器材｜呼拉圈、寶特瓶

★ 促進重點

穩定性動作｜彎曲、蹲
移動性動作｜走
認知能力｜規則理解

玩法：

1. 準備雙數的呼拉圈和寶特瓶，以一個呼拉圈擺放一個寶特瓶的方式布置遊戲情境，一半的寶特瓶立著、一半的寶特瓶躺著。

2. 將孩子分成兩組，一組是立正國，一組是睡覺國，立正國的孩子要想辦法讓睡覺國的瓶子站起來；而睡覺國的孩子則要讓立正國的瓶子躺下來。

3. 開始後，兩組把瓶子立起和放倒。時間到，來算算瓶子的數量，看哪一國的瓶子多就獲勝囉！

小叮嚀

● 這個遊戲涉及速度與時間的競賽，難免會興奮，為了避免爭執，提醒孩子，如果對手上還握著瓶子時不能搶，一次只能擺放一個瓶子，等放好後才能行動喔！

搬家高手

年齡｜4～6歲
器材｜兩種相同顏色的呼拉圈、寶特瓶

★ 促進重點

移動性動作｜跑
競技體適能｜敏捷性、速度
空間意識｜位置
認知能力｜認知概念、規則理解

玩法：

1. 在空間的兩端，分別放置一排同色的呼拉圈和瓶子。

2. 將孩子分成兩組，遊戲開始時，就要盡快將對方的瓶子移到自己隊伍的呼拉圈中。

3. 計時結束，看看哪一隊搬比較多的瓶子到自己的呼拉圈裡。

小叮嚀

● 提醒孩子一次只能搬一個瓶子，並且只能拿敵隊的瓶子，不能拿自己隊的瓶子。
● 呼拉圈與瓶子的顏色必須一致，讓孩子更容易辨別。

主題 **16** 六角紙積木真好玩

動作焦點

大型的紙積木除了搭建，還可以變成體能遊戲的器材。透過操作性技能滾、搬運、堆疊、負重，還有移動性技能跨跳和走等動作，可以訓練孩子的動態平衡能力、手眼協調及肌耐力。

藉由紙積木的堆疊，孩子可以伸展身體和舉高負重，學習將紙積木舉高並放置在正確的位置，也可以從操作中意識到如果積木的重心沒有放在正中間，就會有傾倒的危險。紙積木也可以當成繞行的道具，或可併攏排列路線，讓孩子在上方行走，練習維持身體的平衡不掉落下來，更可以變化間隔距離，讓孩子有機會練習跨走，透過視覺及正確的空間判斷，將腳準確的踩在紙積木上。而搬運大積木時，孩子需要持續的負重、搬移積木並放在正確的位置上，過程中增強肌耐力，讓孩子更有力氣。

大型的紙積木遊戲不侷限於建構，可以變化出許多身體活動的玩法，現在就和孩子一起體驗紙積木的遊戲樂趣吧！

年齡	活動名稱	穩定性動作	移動性動作	操作性動作	健康體適能	競技體適能	知覺運動學習	概念學習
2-4 歲	自己滾積木			滾		協調性		
2-4 歲	蓋高塔	伸展、扭轉		踢	肌力、肌耐力			認知能力：認知概念
2-4 歲	小小搬運工	動態平衡	走			協調性	空間意識：方向	
4-6 歲	積木接力賽	彎曲、伸展、扭轉		接		協調性		認知能力：規則理解
4-6 歲	跨越鱷魚池	動態平衡	走、跨跳					創造力：想像
4-6 歲	黑羊白羊	扭轉、動態平衡	走				關係意識：人與人	認知能力：規則理解 語文：語文表達 創造力：想像

自己滾積木

年齡｜2～4歲
器材｜紙積木

★ 促進重點

操作性動作｜滾　競技體適能｜協調性

玩法：

1. 將紙積木橫放在地上，讓孩子試著手心朝上往前撥動、把紙積木滾動到指定位置。如果偏離方向，可以停下來調整，再開始往前推。

2. 可以把一個紙積木擺放在前面，讓孩子拿另一個紙積木往前滾和繞過它回來。

蓋高塔

年齡｜2～4歲
器材｜貼上數字的紙積木

★ 促進重點

穩定性動作｜伸展、扭轉　操作性技能｜踢
健康體適能｜肌力、肌耐力　認知能力｜認知概念

玩法：

1. 在紙積木上貼上數字，請孩子一次拿一個紙積木，依照數字，依序把紙積木疊高。

2. 高塔蓋成功後，讓孩子自己把積木塔推倒。大人可以指定數字，讓孩子自己推，除了用手推，也可以用腳來踢倒指定數字的積木。

小叮嚀

● 紙積木重量輕，即使倒下來也不會受傷，反而會讓孩子覺得有趣。為避免干擾他人，請朝著沒有人的方向推。
● 運用數字進行正著排或倒著排的遊戲，可以增進孩子的認知思考與遊戲樂趣。

小小搬運工

年齡丨**2～4歲**
器材丨**紙積木、呼拉圈**

★ 促進重點

穩定性動作丨動態平衡
移動性動作丨走
競技體適能丨協調性
空間意識丨方向

小叮嚀

● 搬運時，可以先讓積木靠近身體，等待孩子熟練之後，提醒他以紙積木不碰到身體的方式進行搬移的任務。

● 要能同時抱著兩個疊高在一起的紙積木行走，對孩子來說有些挑戰性，提醒孩子不用急，穩穩的保持平衡再往前移動，要想辦法不讓紙積木掉落下來唷！

玩法：

1. 在空間的一邊放置錯落的紙積木當成蓋房子的磚塊，另一邊放置呼拉圈，作為蓋房子的工地。

2. 邀請孩子一起當小小搬運工來蓋房子，一次拿取一個紙積木走到呼拉圈工地放置，然後再返回拿取第二個紙積木，走去呼拉圈往上疊。

3. 剛開始可請孩子一次只拿取1個紙積木，之後再變化難度，請他挑戰一次搬運2～3個，讓孩子練習邊走路、邊維持手中積木的平衡、不倒下來，最後蓋成一座積木塔。

積木接力賽

年齡｜4～6歲
器材｜紙積木、呼拉圈

★ 促進重點

穩定性動作｜彎曲、伸展、扭轉
操作性動作｜接
競技體適能｜協調性
認知能力｜規則理解

玩法：

1. 先在呼拉圈中，堆疊出一座積木高塔當起點，並在前方擺另一個呼拉圈當終點，大家在起點到終點間，間隔站成一排，進行積木接力賽。

2. 第一個人從起點取下紙積木並往前傳，大家接續將紙積木傳到終點，最後一個人將紙積木擺入呼拉圈中，疊出一座新的積木塔。

3. 可請孩子用不同的方式接力傳遞，例如：轉身傳遞積木、從頭頂或胯下傳遞；也可以分組競賽，看哪一組先完成。

小叮嚀

● 合作的遊戲讓孩子不僅專注於自己的動作，還要學著觀察其他的同伴，一起合力完成任務。對孩子來說，除了掌握規則，更是建立合作與團隊默契的開始。
● 進一步挑戰把積木塔挪移搭建到另一端，再挪移回來。

跨越鱷魚池

年齡｜4～6歲
器材｜紙積木、寶特瓶

★ 促進重點

穩定性動作｜動態平衡
移動性動作｜走、跨跳
創造力｜想像

玩法：

1. 將紙積木排成一條彎曲的路徑，最後幾個紙積木可以間隔排列，在路徑旁邊等距擺幾個寶特瓶當鱷魚。和孩子說：「我們要一起跨越鱷魚池，小心不要掉下來喔！」

2. 引導孩子沿著紙積木行走與跨越，走完紙積木後，再跨跳過寶特瓶回來。

小叮嚀

● 將六角紙積木當平衡道具時，建議只限孩子行走，並在積木下鋪止滑墊，以確保遊戲安全。
● 可以變換積木的排法，一開始先鋪排成緊密的直線，再變換成彎曲的路線，增加遊戲的挑戰性。
● 跨瓶鱷魚（瓶子）時，請孩子抬高前腳，幫助自己順勢跨跳過障礙。

黑羊白羊

年齡 | 4～6歲
器材 | 紙積木

★ 促進重點

穩定性動作 | 扭轉、動態平衡
移動性動作 | 走
關係意識 | 人與人
認知能力 | 規則理解
語文 | 語文表達
創造力 | 想像

玩法：

1. 將紙積木兩兩併攏，排成一長條的路徑。

2. 和孩子說黑羊白羊的小故事：村莊裡有一群黑羊要過橋，但是過到一半，發現有另一群白羊正從橋的另一邊過來，問問孩子該怎麼辦？

3. 請孩子提議與想辦法，並肯定孩子的回答。再將孩子分成兩邊，其中一邊當黑羊，另一邊當白羊，同步出發在紙積木上平穩前進，走到中央後，用錯身的方式想辦法安全過橋，不讓自己掉下來。

小叮嚀

● 行走時，提醒孩子踩在積木的中間，眼睛看前面，雙手打開來幫助自己平衡。而交錯時，提醒孩子放慢速度，透過等待、扭轉身體的錯身，慢慢保持身體的平衡，順利交會前進。

主題 **17** 一起玩氣球

動作焦點

　　在進行穩定性與移動性動作的主題活動後，接下來的主題將以操作性動作為主要促進能力，而氣球因為體積大、滯空時間長（飄落時間較久），很適合讓孩子練習拋、接、拍擊、踢等多種操作性遊戲，是用來發展孩子操作性技能及手眼協調的最佳玩具。

　　遊戲時，孩子可以藉由夾球來學習控球：用牽引氣球的繩子，學習控制氣球移動的方向。至於拍打、抓住、抱住氣球，或是難度較高的拋球、丟球等互動遊戲，也能增進孩子對空間及時間的判斷能力，有助於將來運動技能的發展，例如：籃球的傳接球或是排球的舉球動作。

　　提醒大人，剛開始和孩子遊戲時，可以先降低拋球的高度，讓孩子容易接到球或拍到球；再慢慢提高拋球的高度，讓孩子學會運用更精準的判斷力，甚至使用跳躍技巧，才能夠接到或拍擊到球！遊戲雖然簡單，卻蘊藏著大學問。現在，就和孩子一起來玩有趣的氣球遊戲吧！

年齡	活動名稱	穩定性動作	移動性動作	操作性動作	健康體適能	競技體適能	知覺運動學習	概念學習
2-4 歲	**氣球飛呀飛**	旋轉、動態平衡					空間意識：高度	
2-4 歲	企鵝夾蛋跳	蹲	走、跳		肌力	協調性		創造力：想像
2-4 歲	**瞄準！拍氣球**	蹲	跳	拍擊		瞬發力		
4-6 歲	**氣球踢一踢**			踢、高踢				
4-6 歲	來玩傳氣球			投、拋、拍擊、接		反應力		
4-6 歲	氣球不落地			拍擊		協調性		

氣球飛呀飛

年齡｜2～4歲
器材｜綁線的氣球

★ 促進重點

穩定性動作｜旋轉、動態平衡
空間意識｜高度

玩法：

1. 讓孩子拉著綁氣球的線，來玩轉圈圈的遊戲。

2. 鼓勵孩子改變手的高度，讓孩子感受位置的高與低。

3. 可以帶孩子到開闊的戶外玩這個遊戲，盡情奔跑，讓氣球飛起來。

企鵝夾蛋跳

年齡｜2～4歲
器材｜氣球

★ 促進重點

穩定性動作｜蹲　移動性動作｜走、跳
健康體適能｜肌力
競技體適能｜協調性　創造力｜想像

玩法：

1. 把氣球夾在雙腳之間，夾著「企鵝蛋」往前走、往前跳。

2. 也可以讓孩子用手掌或手臂夾球前進，變換不同的部位來夾球。

小叮嚀

● 孩子需要具備比較好的肢體協調性，才能順利用雙腳夾著物品跳躍；若是孩子無法順利跳躍，可以先鼓勵他試著夾球走路。

瞄準！拍氣球

年齡｜2～4歲
器材｜綁線的氣球

★ 促進重點

穩定性動作｜蹲
移動性動作｜跳
操作性動作｜拍擊
競技體適能｜瞬發力

玩法：

1. 大人手持氣球的線，對孩子說：「氣球在這裡，你可以拍到嗎？」請孩子試著瞄準、拍打氣球。

2. 當被拍走的氣球，再度盪回來時，可以說：「氣球飛回來了，再拍一下吧！」鼓勵孩子試著瞄準移動的氣球，連續拍打氣球。

3. 當孩子很會瞄準時，可以稍微拉高氣球的高度，讓孩子配合跳躍動作，拍打氣球。

小叮嚀

● 一開始，盡量控制氣球的線，將氣球維持在孩子容易瞄準的高度，增加孩子拍中氣球的機會，讓他對遊戲更有信心。

氣球踢一踢

年齡｜**4～6**歲
器材｜氣球

★ 促進重點

操作性動作｜踢、高踢

玩法：

1. 把氣球散落在地上，讓孩子來踢氣球。

2. 一開始可以先讓孩子自由踢球，再指定顏色來踢球。

3. 大人也可以將氣球從孩子腳的上方往下放，增加孩子練習高踢的機會。

小叮嚀

- 引導孩子用腳背或腳的內側來踢球，掌握踢球的姿勢。
- 孩子的動作學習要兼顧身體兩側的平衡發展，所以除了慣用腳之外，記得提醒孩子試著用另一腳踢踢看。

來玩傳氣球

年齡｜**4～6**歲
器材｜氣球

★ 促進重點

操作性動作｜投、拋、拍擊、接
競技體適能｜反應力

玩法：

1. 一開始可以手持氣球再放開，使球從孩子上方緩緩落下，幫助孩子練習瞄準與接球。可以適時改變氣球落下的高度與位置，讓孩子預測氣球的行進路徑及落點。

2. 接著，讓孩子以手掌拍球的方式，進行拋球與傳球的遊戲。

3. 可以先雙手一起拍、再變換成單手拍球。

小叮嚀

- 大部分的孩子，會以雙手手臂由下往上抱胸的方式來「抱」球，大人可以鼓勵孩子試著只用雙手手掌來接球，摸索出正確的拋接球方式。

氣球不落地

年齡｜4～6歲
器材｜氣球

★ 促進重點

操作性動作｜拍擊
競技體適能｜協調性

玩法：

1. 每人持一顆氣球，一起來往上拍氣球，看看誰可以拍最多下，讓氣球不落地。

2. 兩個人一起相互傳球，同樣挑戰氣球不落地。

3. 和孩子一起數數看，最多能傳幾次球而不落地。約定好每次玩的時候，都要挑戰之前的最高紀錄。

小叮嚀

● 氣球滯留在空中的時間較長，可以讓孩子有時間調整位置應變，不過也因為拍打方向與力氣不易控制，孩子會需要較大的空間來移動。

● 變換拍打的方式，可以徒手用手來拍，也可以用紙板來當作拍球的工具，體驗打擊的樂趣。

一起來玩球 手部運動 I

動作焦點

在基本動作技能中，操作性動作的拋、接、滾、投、打擊等，均是和球有關，孩子能否協調順暢的操控球，是幼兒運動中很重要的操作能力。不同大小、觸感和彈性的球體，吸引著孩子的目光和興趣，可以增進孩子的觸覺感受。

但因為球類活動所需要用到的操作性技能，包含手部的滾球、接球、打擊及腳部的踢球、盤球等動作，對孩子來說難度比較高。因此，接下來連續兩個主題，我們就針對手的球類操作動作，設計了各項遊戲，從接球、滾球開始練習。

小一些的孩子，可以從速度比較慢的傳球、短距離的接球開始，幫助孩子練習用眼睛追蹤球體、感受方向、空間距離與速度；大一點的孩子則可以變化延伸到接力、投籃、打擊等遊戲，練習控球的相關動作，還可以增進手眼協調以及與他人合作的能力。快帶孩子一起來玩球的遊戲，從遊戲中練習掌握控球的姿勢與速度，為操作性動作技能奠基。

年齡	活動名稱	穩定性動作	操作性動作	競技體適能	知覺運動學習
2-4 歲	腰部環繞		接	協調性	
2-4 歲	溜滑梯		接		關係意識：人與人
2-4 歲	翹翹板		滾		空間意識：高低
4-6 歲	傳球接力	彎曲、扭轉	接		空間意識：方向
4-6 歲	投籃遊戲		投		
4-6 歲	打擊練習	揮動、扭轉	打擊		關係意識：人與物

腰部環繞

年齡｜**2～4歲**
器材｜球、鈴鼓節奏樂器

★ 促進重點

操作性動作｜接
競技體適能｜協調性

玩法：

1. 和孩子一起來玩腰部繞球傳球的遊戲，請孩子坐在前面，大人坐在後面，兩人面向相同的方向。

2. 請孩子把球沿著肚子滾動，從旁邊傳給大人，大人接過球後，把球繞過身體背後，再貼著孩子的腰部滾動球，讓孩子從身體的另一邊接球。可以多玩幾次，讓孩子熟悉傳球的速度和節奏。

3. 接著，可以隨著鈴鼓聲音或口令轉換方向，讓孩子變換從左邊傳球、右邊接球。

小叮嚀

● 傳球時，提醒孩子用兩隻手掌同時抓握住球。

● 若孩子還無法區分左右，大人可以用口語或動作輔助，幫助孩子知道傳接球的方向。

● 等孩子熟練以後，再慢慢加快傳球速度，可以說：「現在，我要加快速度囉！看看你能不能跟上？」提高遊戲的挑戰性，增進孩子的控球能力。

溜滑梯

年齡 | 2～4歲
器材 | 球

操作性動作 | 接
關係意識 | 人與人

玩法：

1. 大人先將雙腳併攏，把球放在大腿間，再把球放開，讓球自然向下滾動。

2. 請孩子蹲在大人前面，雙手張開，大約離球多10公分左右的距離，並放在大人腳踝的上方，等球滾下時再接住球。

3. 熟悉玩法後，可請孩子後退30公分左右，再次嘗試接球。

小叮嚀
● 大人必須注意腳尖要往下壓，盡量讓球行進的路線穩定，方便孩子判斷接球的位置。
● 由於球滾動的速度較快，大人要事先預告，讓孩子可以充分準備，比如說：「注意囉！球要滾下來了！」

翹翹板

年齡｜2～4歲
器材｜球

★ 促進重點

操作性動作｜滾
空間意識｜高低

玩法：

1. 將球放於兩人互牽的雙手手臂上，改變身體的高低位置，使球在兩人手臂間滾動。

2. 大人可配合孩子的高度蹲下，熟悉玩法後，再引導孩子改變身體的高度，使球滾動。

小叮嚀

● 這個遊戲能讓孩子感受到身體的高低可以改變球滾動的方向和速度。大人可以鼓勵孩子：「現在你蹲下來，看看球會不會滾到你那邊。」

● 可暗中配合孩子的高度來適時調整滾球的斜度，孩子更能從中獲得成就感。

傳球接力

年齡｜4～6歲
器材｜球

★促進重點

穩定性動作｜彎曲、扭轉
操作性動作｜接
空間意識｜方向

玩法：

1. 兩人一組來玩傳球遊戲，可以是大人和孩子一起，或兩個孩子一起玩。

2. 兩人背對背站立，一人把球高舉在頭頂上，往後傳給背後的人，接過球，再將球從胯下傳回去。重複動作進行頂上腳下傳接球遊戲。

3. 可以變化傳球位置，例如：從右邊傳球、從左邊傳球。

小叮嚀

- 等孩子把球確實舉過頭頂後再傳接球，增進孩子手臂肌肉的力量。
- 建議同一個玩法熟練後，再進行下一個活動；從重複的動作中，孩子會逐漸調整自己的動作技巧和掌握動作節奏。
- 孩子向下彎腰時，眼睛看到的空間感會不一樣，在傳球時放慢速度，有助於孩子眼睛瞄準追蹤。

投籃遊戲

年齡｜**4～6歲**
器材｜**球、水桶或呼拉圈**

★ 促進重點

操作性動作｜投

玩法：

1. 請孩子站著，用雙手持球，將球放在胸口前方，雙腳分開與肩膀同寬，面向水桶。

2. 向上向前拋擲，讓球以拋物線的方式，投進水桶。

3. 動作熟練後，可以嘗試將水桶架高，或是用呼拉圈當籃框，挑戰看看，能不能把球投進去。

小叮嚀
● 投球時，請孩子膝蓋稍微彎曲、手掌張開、眼睛盯著水桶。鼓勵孩子注意出手的力量與高度，有助於瞄準。

打擊練習

年齡｜**4～6歲**
器材｜海灘球、紙積木或椅子

★ 促進重點

穩定性動作｜揮動、扭轉
操作性動作｜打擊
關係意識｜人與物

玩法：

1. 把海灘球擺放在紙積木或其他有高度的桌椅上，準備來玩打擊遊戲。

2. 請孩子雙腳打開，與肩同寬，一手握拳手臂伸直，想像手臂是一支球棒。

3. 打擊時，先將手臂向後拉，數1、2、3！手臂往前揮棒出去，看看誰能把球打出去。

小叮嚀

● 大人可以先帶著孩子摸摸自己的拳頭側面位置，鼓勵用這個位置擊球。

● 球可放置在約 60 公分高的地方，孩子正面面向球體，前腳不要超過球，會比較容易擊球。

● 可以先對空氣練習揮動的動作，熟悉動作之後再來打擊。

一起來玩球 手部運動 **II**

動作焦點

在上個主題，我們和孩子一起進行手部的球類遊戲，讓孩子體驗操作性動作中的接球和打擊，從練習中學習掌握接球的姿勢、感受球滾動的速度與時機。而在這個主題，我們要進行促進拋接、運球、投擲等操作性動作技能的球類遊戲。

對低幼的孩子來說，減少衝擊的給球方式可以增加成功接住球的機會，像是滾球、放球和彈地球等。大一點的孩子，可以讓他試著拋球，學習控制方向和力量，而運球和投籃的動作則是更進一階的控球技巧，運球需要掌握雙腳屈膝、手掌打開來拍球的姿勢，而投籃則涉及空間意識、肌力與整合身體的協調性，需要多多練習，讓身體漸漸掌握控球的節奏。

操作性動作透過日常的練習，累積成功的經驗，孩子會表現得越來越精熟，也會激發挑戰的動機與樂趣，現在就一起和孩子來玩球吧！

年齡	活動名稱	穩定性動作	操作性動作	競技體適能	知覺運動學習
2-4 歲	進球門		滾、接		
2-4 歲	放球接球		拋、滾、接		
2-4 歲	雙手投球		投		
4-6 歲	我是神射手	扭轉	投	協調性	勁力意識：力量
4-6 歲	我是接球王		舉球、接	協調性	空間意識：距離
4-6 歲	運球小高手		拋、接、運球		

進球門

年齡｜2～4歲
器材｜球

★ 促進重點

操作性動作｜滾、接

玩法：

1. 大人和孩子隔著一段距離坐著，雙腳張開來當球門。

2. 運用雙手十指朝下、掌心朝前的姿勢，一起互相推球，使球在兩人之間來回滾動。

小叮嚀

● 開始滾球時，考量孩子滾球的力道，距離不要太遠。大人可以把「球門」做大，讓孩子有明確的滾球目標，容易得分，孩子會很有成就感。

● 等孩子熟練以後，再慢慢縮小「球門」，可以說：「現在，我要把球門變小，看看你能不能得分？」提高孩子的挑戰性和興趣，訓練孩子的控球能力。

放球接球

年齡｜2～4歲
器材｜球

★ 促進重點

操作性動作｜拋、滾、接

玩法：

1. 先從放球開始練習接球，請孩子坐在地上，大人面向孩子跪立或彎腰站著，將球從孩子面前的上方輕輕放下，讓孩子以手掌接住球。

2. 重複幾次後，來玩傳接球，大人可抓取適當距離，從滾地球開始來讓孩子接球，再請孩子同樣丟滾地球回來。

3. 重複幾次，再變化成丟彈地一次的球給孩子接，同樣再請孩子丟彈地一次的球回來，相互進行彈地接球遊戲。

小叮嚀

● 提醒孩子，接球時以雙手掌心向前的姿勢來接球。
● 大人可以依照孩子接球的狀況，採站姿、高跪或跪坐，調整丟球的高度。
● 放球的反彈力比較小，對於低幼的孩子會容易接住球。滾地球、彈地球相對也比直接拋球的速度和衝擊小些，運用衝擊力量較小的方式來拋球，可以提高孩子成功接球的機會。

雙手投球

年齡 | 2~4歲
器材 | 球

★ 促進重點

操作性動作 | 投

玩法：

1. 孩子雙腳前後站立，用雙手將球高舉過肩上，並用身體及手部的力量將球往前丟。

2. 大人取適當的距離坐在孩子的對側，雙腳打開，接住孩子丟過來的球之後，以滾地球的方式將球傳給孩子。

3. 待孩子熟練後，可以練習用單手丟球或加長距離，提高遊戲的難度。

小叮嚀

● 注意孩子出手的時間，如果太快，球會很快就離手、飛不遠，出手太慢，球會有很快就落地的現象。

● 鼓勵孩子丟球時，盡量用腹部的力量來帶動將球投出。

我是神射手

年齡｜**4～6歲**
器材｜**小球、玩偶或紙盒**

★ 促進重點

穩定性動作｜扭轉
操作性動作｜投
競技體適能｜協調性
勁力意識｜力量

玩法：

1. 取適當的距離設定目標物（玩偶、紙盒），讓孩子試著投擲小球擊中目標。

2. 讓孩子以一腳前、一腳後側身的站姿，抬手過肩、扭轉身體，將球向前擲出。

3. 待孩子熟練後，可以加長投擲距離，或是縮小目標，提高遊戲的難度。

小叮嚀

● 孩子常會有同手同腳，或是忘記過肩投擲，大人要適時注意提醒。
● 鼓勵孩子丟球時，學習控制投球的力量。

我是接球王

年齡｜4～6歲
器材｜海灘球

★ 促進重點

操作性動作｜舉球、接
競技體適能｜協調性
空間意識｜距離

玩法：

1. 讓孩子坐下來雙腳打開，自己練習拋接海灘球。一開始把手打直，將球由胸前的位置放手，讓球彈地一下再接住球。

2. 再變換方式進行拋接，例如：把球往下拍，讓球彈地一下再接住球；自己把球往上拋後，直接用手掌接住球；往上拋，在球落下時用雙手手掌把球往上拍再接住球。

3. 兩人站著相互拋接球，同樣可變換拋接方式，例如：平拋、高拋。

4. 大人可以試著將球往左拋或往右拋，讓孩子調整位置與應變來接球。

小叮嚀

● 剛開始丟接球距離不要太遠，讓孩子可以獲得成功的接球經驗來增加信心，之後再將距離逐漸拉遠。
● 提醒孩子眼睛要跟著球移動，可以幫助自己成功接到球。
● 鼓勵孩子用手掌接球，身體不碰觸到球。

運球小高手

年齡｜**4～6歲**
器材｜球

★ 促進重點

操作性動作｜拋、接、運球

玩法：

1. 邀請孩子一起來當運球小高手，運球前，可以先從放開球、等球反彈後接球開始。

2. 再請孩子站著，將手上的球原地反彈一下後自己接住，做五次。

3. 動作熟練後，嘗試用雙手手掌連續拍球，挑戰看看，可以連續拍幾下？

4. 最後，再嘗試用單手手掌連續拍球，挑戰看看，可以連續拍幾下？

小叮嚀

- 運球時，請孩子膝蓋稍微彎曲、手掌張開、眼睛盯著球來拍球。
- 如果孩子尚未掌握連續拍球、運球的動作，也可以先從放球接球開始，幫助孩子掌握球反彈的位置和速度。

主題 20 一起來玩球 足部運動

動作焦點

　　經過連續兩個促進手部動作的球類操作遊戲，在這個主題，我們將進行足部的操作性動作遊戲。動作發展的原則是由軀幹到四肢，對孩子而言，踢球屬於操作性技能之中，難度較高的動作。也由於孩子比較少接觸到腳部的活動，較少有機會能夠練習。因此，我們設計了一些足球遊戲，提供孩子更多學習的經驗。

　　坐姿夾球抬腳的動作，可以學習控制腳部的肌肉，做靜態平衡的練習。企鵝孵蛋的活動建議先用不易滾動的物體，讓孩子有效的運用足內側控制物體的移動方向，再學習控制滾動的球。而踢球則是孩子日常生活中較常使用的動作，可分為足尖踢球、足內側踢球、高踢等動作，建議先從足尖踢球開始，再練習足內側踢球和高踢。當孩子學會足球的基本動作之後，就能練習進階的跑動盤球、將球射入目標以及行進間停球的動作喔！

　　期望透過遊戲化的體驗，讓孩子在趣味的夾、踢、盤球與射門活動中，增進平衡與用腳控球的能力，讓孩子快樂的踢足球，也為之後的運動能力奠基。

年齡	活動名稱	穩定性動作	操作性動作	健康體適能	競技體適能	知覺運動學習	概念學習
2-4 歲	企鵝孵蛋		盤球		協調性	身體意識：肢體表達	創造力：想像
2-4 歲	夾球抬腳	靜態平衡		肌力、肌耐力			
2-4 歲	踢球過山洞		踢		協調性	關係意識：人與人	
4-6 歲	足球好小子		盤球			空間意識：路徑	
4-6 歲	射門練習		盤球、踢		協調性	勁力意識：流暢度	
4-6 歲	傳球小高手		踢			關係意識：人與人	

企鵝孵蛋

年齡｜2～4歲
器材｜球、各色地墊

★ 促進重點

操作性動作｜盤球
競技體適能｜協調性
身體意識｜肢體表達
創造力｜想像

玩法：

1. 小企鵝怎麼走？和孩子先模仿企鵝走路的模樣。

2. 再邀請孩子學小企鵝移動，試著把球夾在小腿之間，一邊走一邊保護企鵝蛋。

3. 引導孩子一步一步用雙腳的內側慢慢帶著球往前走。

4. 地上可擺放不同顏色的地墊，等孩子比較能掌握盤球動作時，鼓勵他試試看，能不能把球盤到指定顏色的地墊？

小叮嚀

● 移動的時候，腳步可以小一些，讓球盡量維持在兩腳的中間。
● 剛開始可以使用不易滾動的小紙箱、布骰子、消氣的球或布球、打結的毛巾來練習，提高孩子的成就感。

夾球抬腳

年齡｜2～4歲
器材｜球

穩定性動作｜靜態平衡
健康體適能｜肌力、肌耐力

玩法：

1. 請孩子坐在地上，把球放在兩腳膝蓋內側並夾住，雙手在屁股後方撐住地面，雙腿打直，做出抬起與放下的動作，小心把球夾好，不讓球掉下來。

2. 再變換夾球的位置，試試看改成用腳踝夾球，同樣打直雙腿，做出抬起與放下的動作。

3. 可以多進行幾次，看看誰可以穩穩的夾好球。

4. 也可以進階挑戰看看，把球放在左前方，試著用腳踝夾起球後扭轉身體，將球夾到右邊後放下，當小挖土機。

小叮嚀

● 孩子將腿抬起時，大人可以幫忙數 1~5，增進孩子的肌力與肌耐力。
● 孩子也可以和其他人比賽，看看誰的腳可以抬得比較久，增加遊戲的樂趣。

踢球過山洞

年齡｜2～4歲
器材｜球

★ 促進重點

操作性動作｜踢
競技體適能｜協調性
關係意識｜人與人

玩法：

1. 邀請孩子一起來玩踢球遊戲，試著把球踢進山洞。

2. 大人雙腳打開變成山洞，孩子以腳尖將靜止的球踢過山洞，和孩子說：「球要進山洞囉！」

3. 待孩子熟悉動作後，可以嘗試使用腳內側踢球，也可以拉長跟山洞的距離。

4. 進行多人遊戲，好幾個山洞直排站好，讓孩子試試看能不能把球一次踢進好幾個山洞裡。

小叮嚀
- 剛開始練習時，請先不要讓孩子站得離山洞太遠，待有了幾次成功經驗後，再將距離逐漸拉遠。
- 踢的物體可以先選擇不易滾動的布骰子、打結的毛巾、消氣的球或布球來幫助孩子控制球。
- 也可以和孩子交換位置，換他來當山洞，大人來踢球。

足球好小子

年齡｜**4～6歲**
器材｜球、地墊

★ 促進重點

操作性動作｜盤球
空間意識｜路徑

玩法：

1. 取兩個地墊各別放置在地上兩處。請孩子將球放置在其中一個地墊上，利用足內側進行盤球練習，由一個地墊出發盤球到另一個地墊。

2. 當孩子熟練盤球的動作後，可在地上多放幾個不同顏色的地墊作為障礙物，請孩子練習盤球繞過障礙，不讓球碰到任何一個地墊。

小叮嚀

● 剛開始練習時，可以將地墊的距離拉大一點，待孩子能夠更熟練的控制球，再將距離逐漸拉近。

● 可使用不易滾動的小紙箱、布骰子、消氣的球或布球來練習，提高孩子的成就感。

射門練習

年齡｜4～6歲
器材｜球、呼拉圈

★ 促進重點

操作性動作｜盤球、踢
競技體適能｜協調性
勁力意識｜流暢度

玩法：

1. 把呼拉圈靠著牆立起當球門，邀請孩子一起來進行射門練習。

2. 請孩子站在定點，瞄準靜止的球，用腳尖將球踢進呼拉圈球門。

3. 除了原地射門，可以變換成從遠一點的位置出發，盤球到指定位置來進行射門，看看誰可以把球踢進球門。

小叮嚀

● 踢球時，可以先從定點靜止的球開始練習，當孩子能夠立定踢球後，再於移動中帶球，並試著將滾動的球踢往球門。

● 帶球時，用一腳內側踢給另一隻腳，提醒孩子控制力量，不要太用力。

傳球小高手

年齡｜**4～6歲**
器材｜球

★ 促進重點

操作性動作｜踢　關係意識｜人與人

玩法：

1. 請孩子相互踢球給對方。練習先用單腳踩球把球定住，再用腳的內側把球傳給對方。

2. 孩子可以用腳板內側擋球的方式來讓球停下。等球完全停下後，再踢球給對方。

3. 試試看，可不可以往返好幾次的來回踢球，將球傳給對方呢？

小叮嚀

● 踢球的力道不要太大，讓孩子有時間預測球的走向，增加成功停球的機會。

● 可以先從稍微柔軟的球或布球開始練習，再變換為較硬或較有彈性的皮球。

167

PART 3

幼兒身體動作常見QA

這個章節彙整父母、老師最常遇到
孩子在身體動作表現上的**36**個問題，
並提供解答與相應策略，
幫助大人瞭解孩子的發展，回應孩子的需求。

36個身體動作常見問題

孩子成長中動與不動的大小問題，
從發展、教養與行為，提供完整解惑，幫助大人放下擔憂。

　　大多數的爸爸媽媽都認同運動有助於孩子的身心健康，但當孩子在身體動作表現上遇到困難，身為陪伴孩子成長的大人可以怎麼幫助孩子呢？

　　從多年在幼兒體能現場接觸孩子、家長、老師的經驗，孩子動作上的問題，排除發展遲緩、肌肉骨骼上的生理疾病，大多來自動作經驗不足或是缺乏正確的引導。另一種狀況則是大人在孩子發展未臻成熟時，即有超乎發展的期待。在錯誤的時機對孩子有不當的要求，把孩子尚未發展當成有問題。錯誤指導或錯誤的期待等情形都容易影響孩子在動作行為的表現，甚至讓孩子心生恐懼，進而影響對運動的興趣。

　　以跳的動作為例，孩子跳得不夠遠，這只是一個結果，家長或老師看到這個結果，應該回頭去檢視是否在過程中出了問題，是不是孩子的動作不夠正確、還是其他原因影響？然後要從動作上、過程中提供孩子改善的處方，而不只是一再的要求孩子練習，以求達到好成績。

　　事實上，動作能力會隨著孩子逐漸成長而發展成熟，家長不必太過擔憂。不過，要促進孩子的動作發展，幫助孩子掌握與精進動作技巧，則有賴於鼓勵、指導、練習三個重要的因素來促成。倘若讓孩子一直不斷的練習，卻未給予正確的指導，孩子的進步會非常有限，也可能因過度練習而感到疲乏；在動的過程中，若少了大人的鼓勵，也會影響孩子嘗試的動機。

　　這個章節，將試圖從動作發展的角度，依照多年在現場中接觸的孩子、家長與老師針對孩子身體動作表現會有的各種疑問，歸納出36個關鍵提問，並逐一解惑，

這36個關鍵提問中包含了2～4歲與4～6歲的孩子在運動面「穩定性」、「移動性」、「操作性」三大身體動作技能、體適能，以及在認知、情意面向所遇到的困難與行為問題等。

除了回應問題，這個章節也提供家長、老師有效的促進策略，幫助大人從中瞭解孩子在動作發展上的進程，並學習在尊重與順應孩子的發展下，以正確的觀念、正向的態度看待孩子的動作行為表現，並掌握引導的方法，促進孩子的動作技巧。也期盼大人能從回應中解惑，從瞭解中學著放寬心，多多創造孩子正向的動作經驗，最重要的是引領孩子一起享受動動身體所帶來的快樂、自信與成就，才會讓運動充滿樂趣。

Q1 孩子很愛轉圈圈，是過動嗎？

A 大多的孩子都喜歡轉圈圈，一來是追求轉圈速度所帶來的刺激感，二來是在旋轉的動作中保持平衡，也是刺激前庭覺的一種自發遊戲，孩子會想要探測自己的極限，不斷自我挑戰與嘗試，並從成功的經驗中，獲得成就感。甚至，有些孩子也喜歡故意把自己轉到暈，並對這種暈眩感樂此不疲。這些都是在動作發展中會有的現象，大人不用太過憂心，只要有適當和安全的空間，就放心讓孩子自我探索吧！

轉圈圈是穩定性技能中很重要的動作之一，因為旋轉涉及身體左右兩側的協調性，也需要在移動的過程中保持平衡。如果孩子能夠連續轉圈圈而不跌倒，代表孩子的動態平衡能力非常好喔！

促進策略：可參考P71「小廚師上菜」遊戲

Q2 跳氣墊床時會東倒西歪，是平衡問題嗎？

A 跳氣墊床是練習平衡很好的活動，也能促進前庭覺的發展。孩子每一次的跳起，都需要學習如何在滯空的高度下控制身體，所以會需要時間去學習和適應。

和在平地上跳不同，氣墊床的彈力可以幫助孩子掌握正確往上蹬的時機，且它有彈性又不會太硬、加上充氣後弧面突起，跳起後，每次降落的位置都不一定在原地，會讓孩子覺得分外有趣，甚至很享受故意跌倒的感覺。因此，大人只要確定環境是安全的，就不用太過擔心，孩子跳得東倒西歪或是跌倒都很正常喔！但請盡量保持原地跳、不要用跑的跳，以免不小心扭傷。

除了跳氣墊床，如果孩子願意挑戰，也可以玩彈力較大的彈跳床，平時也可以多做大鵬展翅的單腳站立動作，或玩攀爬網、走平衡木，都能增強平衡能力喔！

促進策略：可參考P58「彩色拼盤」遊戲

Q3 如何幫助孩子克服怕高？

A 在具高度的地方移動，對孩子來說，要克服的不僅是在高處維持動作，光是有別於平地的視覺經驗，就是一種挑戰，因此容易引起生理上的不適，進而心生恐懼。這樣的心理反應其實是正常的，怕高是大腦對危險產生的情緒信息，可以透過成功的經驗來弭平。孩子需要的是更多的時間做好心理準備，以及更多的練習經驗，而非聽大人在一旁說「勇敢一點」、「沒有什麼好怕的」等言語。

　　克服怕高最好的方式就是讓孩子沒意識到自己身在高處，大人可以巧妙找尋合適的時機與場合，漸進式幫助孩子習慣高度。例如：到公園時，可以帶孩子站在有高度的平台或拱橋上，一起餵魚或欣賞鴨、鵝戲水，讓孩子把注意力放在眼前的小動物，習慣這樣高度的視覺經驗；在遊戲區時，大人可以抱著孩子先溜短的溜滑梯，再慢慢挑戰去溜長的溜滑梯；玩單槓和攀爬架也很好，來看看誰可以掛著數到5不掉落呢？透過轉移注意、習慣視角和多元好玩的遊戲，幫助孩子慢慢克服怕高的恐懼。

促進策略：請參考P107「盪秋千」遊戲

Q4 看律動影片但不太會照著跳，有沒有關係？

A 孩子會跟著音樂旋律自然的手足舞蹈，基本上是源自天性。看似簡單的舞蹈動作，其實可以促進孩子的各項穩定性動作技能。因此，當孩子跟著影片動動跳跳時，大人可以多用鼓勵的方式，和孩子一起跟著畫面做動作，並且多讚美和肯定孩子，給孩子舞動身體的自信。

假如孩子只看畫面，偶爾才比劃個兩下或是沒有照著跳也沒有關係。每個孩子的學習方式不盡相同，有的孩子是視覺型、有的是聽覺型、有的是動覺型。視覺型的孩子會從觀察人和動作來學習；聽覺型可能會對音樂較為敏銳；動覺型則是會用全身來回應。對於用不同感官來學習的孩子，大人可以觀察孩子的表現與態度，透過鼓勵但不勉強的方式來邀請孩子，也可以運用一些口訣和朗朗上口的動作歌謠，幫助孩子掌握關鍵動作，重點是讓孩子把跳舞當成樂趣，不排斥這樣的活動喔！

Q5 為什麼2歲孩子走路還是常跌倒？

A 2歲的孩子因為肌肉、平衡、運動知覺、協調和控制能力都還在發展中，所以走路會跌倒是正常的現象，通常不需要過於擔心。建議大人可以透過遊戲，增強孩子「蹲站」的能力，強化下半身的肌力，就能幫助孩子走得更穩。比方說，鼓勵孩子從樓梯的最後一個臺階跳下，或是請孩子蹲下撿地上的物品，再放進桌上的籃子，這些動作都能有效強化腿部的肌力。如果孩子到3歲後還是有這樣的狀況，請先確認孩子的平衡感和腿部肌力是否有異常，若是都沒問題，建議再觀察以下移動姿勢：

● 走路時，孩子是否有同手同腳的現象，當踏出左腳時，右手必須順勢向前擺動。

● 跑步時，孩子是否會呈現外八字的狀況，比較好的跑步姿勢是腳尖朝前；另外，孩子跑步時，是否也有整個腳掌同時踩地的狀況，比較好的跑步姿勢是腳跟或腳尖先著地。

如果姿勢不正確，可以透過觀察和引導修正，幫助孩子逐漸掌握正確的移動方式，改善跌倒的狀況。

Q6 走在平衡木上，不知怎麼往前進？

A 孩子不知道怎麼在平衡木上前進，主要是因為還不太熟悉「動態平衡」的動作，因此在有高度的地方移動時，會感到不知所措，也可能與孩子觸覺敏感或是前庭覺的發展有關。大人可以將走平衡木拆解成幾個小關卡，幫助孩子循序漸進的練習：

● 孩子先練習在地面上保持平衡，像是沿著地磚的細縫走直線。

● 孩子手扶著大人或將平衡木擺得離牆壁近一點，以「側併步」的方式側身前進。

● 孩子嘗試在不用大人扶的情況下，自己「側併步」前進。

● 孩子嘗試用「前併步」的方式，一腳前、一腳後、自己向前移動。

● 孩子自行以雙腳交替走路的方式前進。

　　能力的養成沒有捷徑，全仰賴親子在生活中的體驗與練習。相信透過一點一滴的累積，孩子會慢慢掌握動態平衡的技巧，鼓起勇氣前進。

促進策略：可參考P61「螃蟹過橋」、P62「小老鼠過橋」、P100「螃蟹走」遊戲

Q7 孩子走路走一走會突然軟腳是為什麼呢？

A 如果沒有發展遲緩、肌少症或其他疾病的影響，孩子走路走到一半突然軟腳，可能是「肌力」或「肌耐力」出了問題。「肌力」是肌肉產生力量的能力，肌力異常主要是因為肌肉的練習不足，建議平時可以透過一些小遊戲來增強孩子下肢的肌力：

● 孩子坐在地上，以手腳撐地，將臀部向前或向後移動。
● 孩子坐在椅子上，手扶兩側，把雙腳伸直抬起。
● 孩子坐在椅子上，用腳夾住物體（球、盒子）再放開。
● 孩子坐在地上，用腳夾起球，移到指定位置再放開。

「肌耐力」是當負載相同力量時，能夠完成較多反覆次數或維持較久時間的能力，所以肌耐力更需要靠反覆的練習來強化。可以嘗試將前面分享的遊戲動作做慢一點，或是停留久一點，就能夠達到增強肌耐力的效果。如：讓孩子坐在椅子上，手扶兩側，把雙腳伸直抬起，數到5再放下；坐在毛巾上，用手和屁股帶動毛巾往前移動。有機會更可以多帶孩子去戶外運動，增加活動的機會，也有相同的成效唷！

促進策略：可參考P44「毛毛蟲行走」、P115「水手划船」、P163「夾球抬腳」遊戲

Q8 孩子跑步時會甩手和有點內八，怎麼辦？

A 低幼的孩子跑步有點內八是發展上正常的現象，當然，也有可能是因為孩子無法掌握正確的跑步要領。待孩子的「動態平衡能力」和支撐身體移動的「下肢肌力」發展完成，內八的現象就能夠逐步獲得改善。

至於甩手的問題，主要是因為孩子不知道如何透過正確擺動手臂來帶動步伐。正確的擺手除了能夠加快跑步的速度，最主要是可以跟腳步的動作相互配合，讓身體達到最佳的平衡狀態。大人可以適時提點孩子一些跑步的姿勢與要領，像是手肘保持彎曲、前後順勢擺動，也要避免同手同腳，並留心讓腳尖朝向前方。透過這些提醒，幫助孩子慢慢修正，增進動作的流暢度。

促進策略：可參考P130「繞瓶子」遊戲

Q9 跑步慢，該怎麼練習？

A 對學齡前的孩子，能掌握正確的跑步動作比速度更為重要。影響長距離的跑步結果與「肌耐力」或是「心肺耐力」比較有關；影響短距離的跑步結果，則是與「肌力」或是「瞬發力」比較有關。正確的跑步姿勢已經於上題中分享引導方式，至於肌力，建議可以透過一些小遊戲，陪伴孩子玩出強健的肌力：

● 將障礙物（如筆記本、抱枕、報紙捲），以斑馬線的方式排列擺在地上，鼓勵孩子用雙腳連續跳躍，跳過障礙物。

● 將小布偶放置在距離10公尺長距離的兩端，鼓勵孩子以折返跑的方式，幫玩偶互換位置。

從遊戲中增進身體動作能力，除了較有趣，對低幼的孩子來說也比較適合喔！

促進策略：可參考P84「斑馬線，過馬路」、P133「我是飛毛腿」遊戲

Q10 孩子不會雙腳跳，怎麼辦？

A 如果孩子不會雙腳跳，除了協調能力和腿部肌力不足等可能的因素之外，也會因為孩子接觸、練習動作的機會不同而有所差異，建議大人平時多陪孩子玩一些跳躍的遊戲，提供更多動作經驗：

● 先從「平面」的短距離跳躍開始，例如：跳地墊、跳繩子、立定跳遠、跳格子。就連在戶外散步時，若遇到大的地磚，也可以隨機讓孩子跳跳看。

● 熟悉後，可以進階到「立體」的跳躍。對孩子而言，由上往下跳會比較簡單，像是跳下臺階；之後再進階成由下往上跳，例如：跳上花臺、跳上木樁等，都是很好的練習。

在孩子熟練雙腳同時跳起來的感覺後，再幫助孩子去感受，如何藉由雙手的順勢向上擺動，讓身體跳得更高、更遠。只要注意環境的安全，並且提醒孩子在落地時，要將膝蓋彎曲，就可以安心練習跳囉！

促進策略：可參考P52主題3「我會跳啊跳」遊戲

Q11 快5歲還不會連續單腳跳，怎麼辦？

A 孩子需要有不錯的平衡感以及腿部的支撐能力，才有辦法連續單腳跳。建議大人可以透過以下幾個小小遊戲關卡，幫助孩子練習單腳跳的基本動作：

● 一起玩「單腳站立」，把單腳舉到膝蓋的高度，維持約5～10秒，誰能撐最久呢？
● 一起玩「單腳原地跳躍」，能不能越跳越穩定呢？
● 一起玩「單腳向前跳躍」，誰能連續跳最多下呢？

在練習「單腳原地跳躍」時，大人可以先牽著孩子在平地上跳看看，從1下、2下、3下⋯⋯慢慢累積，讓孩子體驗單腳跳的感覺。接著，可以一起去彈簧床或公園的彈跳設施，同樣牽著孩子在上面嘗試雙腳跳和單腳跳。透過遊戲與練習，漸進式的提升平衡感和腿部支撐能力，孩子單腳跳的動作就會越來越穩定囉！

促進策略：可參考P102「袋鼠拉繩跳」遊戲

Q12 如何幫助孩子學習跳和大步跑？

A 跳的動作可分為：以單腳跨越帶動身體的跨跳、雙腳跳和單腳跳，也有原地跳或往前跳的不同。對孩子來說，「跨跳」會比「雙腳跳」簡單，所以在幫助孩子學習雙腳跳之前，可以先帶他們玩跨跳的遊戲。

遊戲時，建議先讓孩子在地板上，以一腳在前、一腳在後的方式，跨過平面的東西，像是地磚的線、一張A4的紙等。確認孩子能跨跳過平面的東西後，再加上一點挑戰，鼓勵孩子跨過報紙捲、沙包、小抱枕或是衛生紙盒、小紙箱等立體物品。透過跨越平面到立體的遊戲，幫助孩子提升跨跳高度和動作能力。

關於「大步跑」，孩子必須要先能走得很穩定、能加快速度走，並且能做出雙腳懸空的跑步動作，才能大步跑。所以基本上，在初級簡單的動作都還沒做好時，下一個階段的動作就很難發展出來。請大人不要太心急，給孩子多一點成長適應的空間和時間，以及多帶孩子去戶外跑跳遊戲，有了環境與練習的時間和經驗，他們會表現得越來越好！

促進策略：可參考P79「跳紙箱」遊戲

Q13 快3歲還無法兩腳交替爬樓梯，有關係嗎？

A 以上樓梯來說，大約1歲半會開始藉物往上爬，到2歲後，就能不用手扶自己爬樓梯，並慢慢的從兩步上一階，進步為雙腳輪替的方式。所以快3歲仍兩步一階的上樓梯，確實是符合一般的幼兒發展進程，大人不必過度擔心，請給孩子多一點的時間。

建議大人可以多帶孩子去遊戲場溜滑梯，因為兒童溜滑梯的樓梯是根據孩子的登階高度所設計的，會更有利於孩子練習爬樓梯的動作。我們知道，孩子在發展動作時，最需要的就是環境、練習與成功的經驗，因此，多多創造這樣的機會，就能幫助孩子累積充分的動作經驗，掌握爬樓梯的身體節奏。

Q14 怎麼幫助孩子攀爬有高度的遊戲器材？

A 對於攀爬，一旦孩子有了不愉快的失敗經驗，往往大人必須花更多的時間，幫助孩子克服心中的恐懼與障礙，所以，大人必須以讓孩子有安全感為前提，幫助孩子掌握動作的要領。

抓握時，確認十指朝上，手掌實握住橫槓。攀爬則是以「三點不動一點動」為原則，雙手抓牢、單腳踩穩，另一隻腳向上踏，踩穩後，再移動下一個地方。孩子漸漸掌握技巧後，大人就能逐步放寬對孩子的保護，例如：先扶著孩子的身體，一次提升一點高度，不要讓他一次就到高點；接著，只將手放在孩子的腋下，以稍微護持他的方式，讓他自己向上爬；最後，大人完全放手，讓孩子自己完成攀爬的動作！

Q15 攀爬遊具時會往上爬，但下不來？

A 往上爬的方法在上一題中已經分享，往下爬的難度相較於往上爬稍微高了一些。往下爬涉及了「轉身」和對「空間意識」的掌握，所謂「空間意識」是孩子對周遭空間的感知能力。當孩子要下來時，因為視線無法看到下方，影響到空間意識，再加上練習不夠和腳踩不到底，才會停頓在上方，不知所措。建議大人同理孩子停頓的原因，適時從旁協助和指導往下爬的要領，幫助孩子順利移動。方法如下：

　　不管是爬梯子或爬斜坡，往下爬時，大人可以提醒孩子，先轉身、把手抓牢、確認一腳踩穩之後，才開始移動身體。若孩子沒抓牢或踩穩就移動，就容易有跌落的危險。所以，先讓孩子轉身、手抓握好、腳踩穩，再開始移動。至於移動的方式同樣是把握「三點不動一點動」的原則，將雙手握好，一腳先踩穩、另一腳下移，接著同邊的手也往下移，確認抓握好後，再換移動另一隻腳，然後是同邊的手。依照這樣的順序移動，孩子就能順利往下爬。一旦得到成功的經驗後，孩子會漸漸熟練這樣的空間感和移動方式，獲得自信心，並且漸漸脫離協助，能自己成功下來了！

Q16 孩子不會翻跟斗，會害怕，怎麼辦？

A 前滾翻的動作涉及身體的「平衡」和「倒立」，會需要用到頸部和肩膀的力量，有些孩子會因此而感到懼怕。當孩子表達自己對動作的恐懼或是學不會時，請大人先別著急或者是去責怪孩子，而是同理孩子懼怕的感受，再適時提供動作的要領，幫助孩子克服恐懼。

練習前滾翻時，可以特別注意以下幾個能幫助孩子翻過去的小撇步，幫助孩子在安全的狀況下，順利翻過去：

● 請孩子以膝蓋微彎的姿勢用手撐住地面，不採用跪膝或是深蹲的姿勢，來提高身體的重心。

● 注意雙手和雙腳不可以距離太遠，請孩子把自己縮起來，下巴靠著胸。

● 將屁股抬高，後腳跟也跟著抬高，讓重心自然向前移動。翻過去時，後腦勺和腰部先著地，再把頭向前伸，就能成功翻跟斗了。

而大人在扶孩子前滾翻時，可以用一手扶著孩子的後腦勺、一手撐住孩子的大腿後側，幫助孩子翻滾和減輕脖子的負擔，翻過後，可以幫忙推和撐住孩子的後背，幫助起身。咚！「耶！你翻過去了！」在孩子翻過去的同時，別忘了和他一起鼓鼓掌，鼓勵自己完成了一項厲害的挑戰，讓他從中獲得滿滿的成就感。

Q17 用力丟，球卻只落在眼前，怎麼幫助他？

A 學齡前的孩子少有機會練習用單手投擲小球，若球只落在眼前，可能是尚未掌握出手的時機，或是投球的動作需要調整，建議先觀察孩子的動作，幫助修正姿勢。

以右手持球的孩子作為例子，投球的動作可拆分為三個步驟：

1. 左腳在前，右腳在後。
2. 將身體向右旋轉90度。
3. 出手時，手由身體後方順勢高舉過頭，將球丟出。

丟擲球最重要的要點，是側身旋轉手臂，將球高舉過頭要向前投擲時，必須順勢釋放球體。若孩子太晚放手，球就只會落在眼前；若沒有以一腳前一腳後的姿勢旋轉手臂並帶動丟球，丟球的力量也會相對較小。大人可以透過示範和提醒，多陪伴孩子玩丟接球的遊戲，孩子丟球的時機和肢體的帶動就會慢慢進步，把球成功丟出去！

促進策略：可參考P158「我是神射手」遊戲

Q18 孩子總是丟不中目標，可以怎麼幫助他？

A 丟球可以幫助孩子做出手指抓握、扭轉手臂帶動投擲等動作，還能從遊戲中促進方位、遠近等空間概念，是操作性動作技能中很重要的基本動作。大人可以藉由上一題，先檢視一下孩子的出手動作及時機是否正確。倘若都沒問題，可能是丟擲的目標太遠，建議先降低投擲的難度，讓孩子先從距離較近、目標較大的東西開始挑戰。

玩瞄準投擲的遊戲時，重點是讓孩子先練習控制力道，再學習如何準確命中，從中獲得擊中目標的成就感。接著，再慢慢將距離拉遠、練習丟擲較小的物體。至於投擲的目標，可以先從丟中垂直地面的範圍開始（如：牆面的畫框），再進階成丟進地面上的容器（如：地上的籃子）。換句話說，就是選擇適合的道具，並安排符合孩子能力的玩法，再逐漸增加難度，循序漸進幫助孩子創造成功的經驗，增加學習動力。

促進策略：可參考P152「投籃遊戲」

Q19 孩子反應慢，接不到球，要怎麼練習？

A 丟球和接球的動作，除了需要手部和身體的協調，孩子還需要掌握接球的姿勢，並非一次就能全部到位。而正確的接球姿勢是掌心向前、移動雙手去接，若孩子總是接不到，建議先從簡單的方式開始，熟練之後，再慢慢增加難度。循序漸進多練習，孩子就會逐漸掌握到接球的要領。以下提供漸進式的遊戲玩法，供陪玩的大人參考：

● 小一點的孩子可以先練習抓握靜止的球，習慣用手掌包覆球的感覺；再張腿坐著，嘗試接住滾動的球，最後也可挑戰由坐姿改成站姿接球。
● 先用大一點的球練習，幫助孩子熟悉接球的姿勢和時機點。熟悉後，再換成小一點的球。
● 雙方先距離近一些，再慢慢增加傳球的距離。
● 先從穩定接住滾地球，再進階成接彈地球，最後挑戰相互拋接球。

促進策略：可參考P147主題18、19「一起來玩球I、II」遊戲

Q20 孩子拍球拍不起來，怎麼辦？

A 運球對孩子來說，是一個難度比較高的操作性動作技能，必須要有很好的「手眼協調能力」以及「手部的操控能力」才能完成。因此在運球之前，可以先讓孩子練習「放球」和「接球」。建議大人拆解運球的動作，從簡易的動作開始，幫助孩子掌握要領。這裡準備了幾個運球前的小關卡，為正式運球前打好基礎：

● 請孩子坐下來，把雙腳打開伸直，雙手拿球、手臂在胸前打直。接著把球放掉，讓球在地上彈跳，並試著接住彈起的球。
● 試試看，能不能讓球只彈地一下就接住呢？
● 試試看，能不能用高跪姿和站姿接住球呢？

當孩子具備一定的手眼協調和接球能力，對於運球就能更快上手了喔！

促進策略：可參考P156「放球接球」、P159「我是接球王」遊戲

Q21 孩子踢不到球，要怎麼練習？

A 「腳眼協調」是踢球很重要的要素，孩子要能注意球的動向，眼球追視並做出動作，所以以踢不到球或沒辦法控制球的方向，必須從增強用腳控球的能力做起。

建議大人可以幫助孩子把動作拆解成一個個的小關卡，讓孩子從遊戲中練習，除了享受破關的成就感，也能漸進的學習用腳控球。一開始，可以先不使用球，而是從不易滾動的物體開始遊戲，如：將大浴巾捲或綁成浴巾球，對孩子相對好控制些。

● 讓孩子用腳的內側夾住浴巾球，學企鵝走路的方式，腳夾著浴巾球四處移動。
● 在環境中設立幾個目標物，孩子用腳將浴巾球運送至各個目標物。
● 在地上設置一些障礙物（抱枕、圓凳、寶特瓶），讓孩子夾著浴巾球前進，並避開這些障礙物。
● 設置目標，讓孩子運用足內側和足尖踢浴巾球，將球踢進或踢中目標。

熟悉以上動作之後，再讓孩子用真正的球進行同樣的練習，相信就會看到孩子大大的進步喔！

促進策略：可參考P162「企鵝孵蛋」、P164「踢球過山洞」遊戲

Q22 如何教孩子打棒球？

A 對於剛接觸棒球的孩子，最重要的是讓他覺得好玩、有趣，所以可以透過符合難易度的遊戲，幫助孩子從中精進打擊和傳接球的技巧。

　　若是直接投擲一般的棒球給孩子，孩子很難一次擊中。建議先使用大一點的球，增加打中的機會；也可以用線將球懸吊起來，或是放在固定的檯面上，並鼓勵孩子先把手臂當成球棒，徒手練習打擊，增加瞄準的機率，提高成就感。若孩子是右撇子，請右手上、左手下抓握棍棒；左腳前、右腳後側身站立，扭轉身體來帶動打擊。

　　練習傳接球也是同樣的道理，大球會比小球好接，滾地球也會比彈地球、高飛球更好接。所以建議使用漸進式的關卡難度，提升孩子的打擊和傳接球功力，孩子會因此而更有信心，也會更有動力去挑戰新的關卡。

促進策略：可參考P153「打擊練習」遊戲

Q23 孩子跳繩跳不起來，該等大一點再學嗎？

A 跳繩是難度較高的整合型動作，由「雙腳跳」跟「雙臂揮動」等基本動作組合而成，孩子得要正確掌握雙腳跳躍的高度和甩繩的動作，並且協調手腳的節奏，才能抓準時間點跳繩。在還沒上小學前，不會跳繩是很正常的，即便上了小學，也需要漸進式的練習，才能慢慢掌握跳繩的動作和節奏。學齡前的孩子，建議透過「雙腳跳」和「甩繩」的遊戲，幫助孩子從遊戲中預備跳繩的運動能力。

　　練習「雙腳跳」時，可以先讓孩子練習雙腳跳過地上的橫線，接著再逐漸增加難度，像是增加跳躍的高度，或是能連續跳幾下。在「甩繩」前，可以先練習「雙臂揮動」。請孩子側身站在牆壁前面，把手放在身體的後方，和孩子一起想像，假裝牆壁上有一個大圓，將手由後往前畫圓，來熟悉跳繩的手勢。下一步，請孩子兩手各抓一根棒子，或是單手抓握對摺的跳繩，練習甩繩的動作。最後，就可以一手抓一邊的跳繩手把，將跳繩由後往前甩動，慢慢練習，就會越跳越好了。

促進策略：可參考P103「波浪舞」遊戲

Q24 幾歲可以讓孩子嘗試騎車？

A 一般來說，孩子騎三輪車、滑板車以及滑步車的年齡大約在2～3歲，當然這只是一個概估值，會因為孩子的個別差異而不同。每種車的特性和需要的身體能力都不同，像是滑步車、腳踏車和滑板車很像，都可以訓練孩子的平衡感，至於三輪車，則是可以增進孩子下肢的肌力和控制方向。以下分享一些練習騎乘的重點：

● **三輪車**：由於車體有一定的重量，一開始要踩動並不容易，可以先讓孩子練習雙腳著地滑行，或把腳放在踏板上，由大人先幫忙推，練習踩踏板的動作。待孩子熟悉踩踏板和有足夠的腿力踩動車子時，就可以順利騎乘囉！

● **滑步車**：滑步車對「動態平衡」及下肢的肌力要求比較高，一隻腳要支撐，另一隻腳要滑動，兩隻腳都須同時出力。所以坐在椅墊上時，要確保高度能讓孩子的雙腳平踩在地面上，不要過於彎曲，才能順利滑行。

● **腳踏車**：「平衡感」是騎腳踏車的關鍵，可參考以下練習，讓學習的歷程更順利：

1. 先讓孩子坐在腳踏車的椅墊上，原地抬起一隻腳或兩腳同時抬起，練習平衡。
2. 雙腳推進滑行，讓腳踏車緩緩前進。
3. 在行進間，同時抬起雙腳滑行。
4. 一隻腳放在踏板上，另一隻腳推進滑行。

當孩子能夠成功做到第4步驟時，代表平衡感已經不錯了，大人可以適時幫忙推一下，讓孩子體驗車子前進的感受；也可以找一個小小的斜坡，讓孩子練習慢速順勢滑行。若孩子無法完成，沒關係，再多做一點平衡感的練習，相信離體會自行騎乘腳踏車的樂趣就不遠了！

動作的發展並不會跳躍出現，而是以漸進的方式慢慢發展起來，包含身體重心的轉移、兩隻腳的輪動性以及身體的協調，所以無論是學騎什麼車，都需要靠多多練習，才有辦法騎得好喔！

Q25 孩子不會吊單槓，怎麼教？

A 學習吊單槓時，「抓握」與「支撐能力」是兩項非常重要的基本動作技能，因此大人必須先幫助孩子掌握正確的抓握方式，才能夠學習進階的吊單槓。

一開始，可以和孩子先選公園比較低的單槓，讓孩子練習抓握。簡單的抓握方式，是讓孩子先雙手高舉過肩、手心朝前抓握單槓，再把腳底懸空，維持最少3秒不落地。一旦能夠完成抓握的動作之後，便可以增加秒數，或讓孩子做出抓著單槓向左或向右移動的動作，或是將身體前後擺盪。

相同的，練習簡單的支撐動作，同樣是找公園較低的單槓，雙手分開與肩同寬、掌心向下抓握單槓、手肘打直讓腰部靠著單槓，懸垂支撐身體。一旦能夠完成支撐的動作之後，便可以增加抓著單槓向左或向右移動的動作、或是屈身將腰部靠在槓桿上，手抓住單槓前後擺盪。

進階的動作可以懸吊抓握的方式，將一腳屈膝放在單槓上，另外一隻腳懸空並擺盪。再進階一些，用手把自己撐坐到單槓上，讓屈膝的腿放下來。或是挑戰雙手抓住單槓，撐起身體讓腰部靠在單槓上，再屈身往前繞槓一圈後下來，這些都是孩子掌握吊單槓動作後的進階玩法。

吊單槓的過程中，大人必須提醒孩子握緊單槓，並且確實做好保護措施，觀察孩子的體能狀態，適時支撐孩子的背部。若涉及翻轉動作，大人可以協助支撐孩子的腹部和腿部後側等，以免孩子摔落地面受傷。

Q26 孩子又瘦又矮小，拉筋會影響成長嗎？

A 拉筋其實就是一種伸展運動，可以增加肢體的靈活度與柔軟度，讓日常生活及運動時，避免因為肌肉過於緊繃而受傷。因此運動時，應適度的做好伸展、暖身與自我保護。

至於影響身高成長的關鍵因素並非肌肉，而是生長板，也和基因、攝取的營養及睡眠息息相關。所以伸展並不會影響孩子成長，反而能保護身體，大人不必擔憂，並可多和孩子一起伸展，無論是手部向上延伸，或是彎腰將手向下延伸都很好，大人和孩子都可以同時舒展肌肉和放鬆身心。

促進策略：可參考P99「繩子伸展操」遊戲

Q27 孩子動一下就累，不喜歡運動，怎麼辦？

A 孩子跟大人一樣，會因為不喜歡運動而找很多的理由，這可能跟個性或體能有關。建議大人可以把握「由易而難」的原則來鼓勵孩子，先進行短距離、短時間的活動，從散步或是孩子喜歡的運動著手，像是騎車、溜滑梯、攀爬等，漸進養成親子一起運動的家庭氛圍，也可以一起玩這本書中的身體遊戲，一邊玩一邊動動身體。

待孩子累積足夠的運動興趣後，再漸漸增加活動的時間和距離，例如：鼓勵孩子走路時，從家裡走到巷子口，要不要再走到公園？騎車時，要不要再多騎一段路？攀爬時，要不要再挑戰往上爬一點點？盡量以簡單且可達成的活動開始，藉此培養孩子的興趣，再慢慢提高活動的挑戰性。

運動無法強迫，但可以從孩子的個性、喜好、或是玩伴帶來的社會互動著手，來增強孩子運動的誘因。因此，等孩子長大些，也可以為他找玩伴，一起參與團隊運動，增加想動的驅動力。過程中，請務必多多鼓勵孩子的突破和毅力，相信孩子的表現會越來越好，也會漸漸樂於運動。

Q28 幾歲開始學游泳或直排輪比較好？

A 孩子在3歲左右是開始學習游泳的好時機，主要是年齡較小的孩子，求知探索的欲望強烈，也比較不會懼怕水。建議一開始選擇在夏天、通風狀況良好的室內溫水游泳池或是有遮蔽物的室外游泳池進行。

初學時，可以由家長或老師陪同孩子一起玩水，但若開始要練習將頭潛入水中、打水、划手或是換氣時，還是建議有專業的教練指導會比較適當一些。針對年紀越小的孩子，請盡量以鼓勵孩子樂於親近水、不怕水和愛玩水為主。倘若還能學會在水中的憋氣與換氣方式，就已經是很棒的成就囉！大人不要給予太多的學習壓力，避免讓孩子產生懼怕的心理。

至於溜直排輪需要有較好的平衡與滑行等移動控制能力，若孩子有興趣，建議4～5歲可以開始嘗試。直排輪對於關節的衝擊力影響會比跑步來得低，同時它對於肌力的培養、骨頭密度的增強、肢體的協調、身體的平衡也有所助益。只要保護措施做得好、選擇適合的直排輪、運動的時間不要過長、過於激烈，其實直排輪是一項很好的運動。低幼孩子的學習重點，主要是練習如何穿戴護具和鞋子、如何安全的摔倒、在摔倒時做出正確的保護姿勢，以及穩定行走與滑行。只要選擇有相同理念的教練，幫助孩子在遊戲過程中產生學習興趣就好囉！

直排輪與游泳都屬於高有氧、低衝擊的運動，如果能夠持之以恆，連續不斷的進行，對孩子的心肺耐力、血液循環均有很好的影響。

Q29 孩子活動時，常撞到人怎麼辦？

A 對「自我空間」與「活動空間」的認識不足，是孩子在遊戲中最常遇到的問題之一。孩子未必是故意的，只是移動過程未意識到空間與距離，或因為玩得投入而未關注到他人，才會撞到人。建議大人可以帶領簡單的遊戲，增進孩子的空間意識。例如：每個孩子手上拿一個呼拉圈，呼拉圈圈起的範圍，就代表自我空間，只要自己的呼拉圈跟別人的撞在一起，就是侵犯了別人的空間。像這樣透過實際的道具和遊戲規則，幫助孩子認識抽象的空間概念。

另外，也要引導孩子換位思考、去同理同伴的感受。若是自己被打到或是撞到，心裡會有什麼感受？不舒服的話，之後便要多加注意自己與別人的距離，避免遊戲時讓彼此受傷，才會玩得開心喔！

促進策略：可參考P74「小汽車，逛街去」遊戲

Q30 孩子總是閃躲迎面而來的球，怎麼克服？

A 閃躲是出自於本能，因為孩子視覺空間判斷的能力還沒發展成熟，手眼協調也還不是那麼的好，所以當物體迎面而來時，自然就會閃開，這是很正常的現象。

若是要練習丟接球，可以先用體積比較大的皮球，讓孩子接住滾過去的球，然後是彈地球，之後是近距離的下拋球。從簡單到難、由慢到快，幫助孩子漸漸習慣球滾向自己的速度感。當大人丟球給孩子時，也可以盡量控制方向和力道，讓孩子更容易接到球，創造成功的經驗，避免他因為反應不及而心生恐懼。

當孩子都能順利接到球時，也可以開始來接軟飛盤。同樣由慢而快，先丟近再將距離拉大，循序漸進的讓孩子習慣物體靠近自己的空間變化，並抓準接的時機。相信孩子能在成功的學習經驗之中，慢慢克服恐懼，越來越勇於嘗試。

Q31 孩子常不照規則而影響他人，要怎麼教？

A 許多體能遊戲與運動涉及了團體合作，因此良好的常規對孩子來說非常重要。能讓孩子在運動遊戲中學習理解規則、和友伴合作、接受遊戲的結果，對孩子來說，也是很重要的學習。建議大人，在運動遊戲前，一定要先跟孩子約法三章，說明清楚玩遊戲的規則，沒有規則就不能進行遊戲。但是在制定規則時，建議不要超過三條，太複雜或太多規範，孩子不易理解，甚至沒有耐心聽完。透過簡單清楚的說明，能幫助孩子確實掌握遊戲規則，而當孩子未能遵守時，就必須做立即的處理。

當孩子不遵守規則時，大人可以先用眼神和手勢給予提醒，表示我們已經注意到他的行為。如果孩子沒有改善，請立即給予口頭的告誡。若孩子還是沒辦法遵守，可以請他先到一旁休息一下，停止他的遊戲行為，並跟他說明不守規則會對其他孩子造成什麼樣的影響，讓他理解遵守規範是進行遊戲的根本。在孩子重新加入遊戲時，請肯定他能遵守規則的行為表現，藉此增強孩子的秩序感。

而大人在孩子被反映這樣的狀況時，請先不要責怪孩子，先瞭解孩子是真的不理解規則，還是太過投入遊戲？是偶發還是常常如此？從完整瞭解孩子的狀況來幫助他。畢竟運動的快樂與益處多多，孩子還能在共玩中建立友誼，共享運動遊戲的樂趣，但如果因為無法掌握規則而敗興，就需要透過親師良好的溝通，一起幫助孩子融入團體的運動遊戲。

Q32 孩子都在看別人玩卻不參與，怎麼辦？

A 孩子要跟陌生的人互動並不是一件容易的事情，因為學齡前孩子的發展，主要是自我中心取向，雖然充滿好奇心，但不太樂意離開熟悉的事物，所以採用觀望的態度很正常。加上有的孩子本來就是透過觀察來學習，要先等好一陣子熟悉環境且覺得安全，才有機會「破冰」。

建議大人可以跟孩子攜帶簡單的東西出門，作為引發跟其他孩子一起玩的工具。像是帶球出去，可以跟孩子玩簡單的滾球、踢球、接球或是投球。當別的孩子也被吸引時，便可以試著詢問孩子，願不願意讓其他的孩子一起加入，並讓他感受到分享及一起玩的好處。請記得，孩子需要有足夠的時間做好心理建設，不用刻意要求或勉強他，大人能做的，是找機會和尊重。一旦孩子能漸漸融入群體，大人就可以慢慢放手，讓孩子們用自己的節奏進行遊戲，享受與他人一起玩的樂趣。

Q33 孩子害怕速度快的活動會受傷，怎麼辦？

A 害怕是一種防衛機制的展現。學齡前的孩子，生理機能和反應協調等能力尚在發展，他們對於自身控制的能力，還不是那麼熟練。對於速度快的活動感到害怕，這是非常能夠被理解的。

孩子都具備探索的天性，但感知到危險或有過不好的經驗時，就需要靠正向經驗的累積來建立安全感與信心。建議大人可以讓孩子先做速度較緩慢、可控的活動，多多創造正向成功的經驗，待孩子上手後，再逐漸增加難度。

若孩子的天生氣質就是比較容易擔心，大人可以幫孩子挑選讓他感到舒適安全的環境（草地），和孩子一起玩滾草地的遊戲；也可以教孩子安全的跌倒方式，像是把身體的重心降低、用側邊的身體（小腿側、臀部、肩膀外側等部位）著地。讓孩子知道，與其因擔憂受傷而不遊戲，不如學習如何保護自己在活動中不受傷，幫助孩子弭平不安的心情。

Q34 孩子不喜歡比賽的運動，怕輸怎麼辦？

A 中大班的孩子在學習社會化的過程中，會開始在乎同儕，以及自我在群體中的表現，比較難接受失敗的結果。而身為大人，平時應該盡量以過程來獎勵孩子，而不是單用輸贏、第一名、冠軍等結果來評斷勝負。以足球為例，比賽後，大人可以引導孩子去注意自己剛才傳球、踢球等基本動作是不是有進步？剛剛是不是扶起了跌倒的隊友等，幫助孩子看見自己於每次比賽中的進步。

在這個年紀，運動重在培養孩子的興趣和自信心，所以喜歡運動、跟隊友一起努力的價值，絕對比贏更重要。假設孩子因為輸的經驗而不願意再嘗試，請大人先想一想，自己是否曾在孩子輸的時候，有意或無意表現出失落的樣子，或者平時的言語曾隱含對輸贏的重視，無形中影響了孩子看待輸贏的方式。現在坊間也有很多關於好勝主題的圖畫書，建議可以多跟孩子共讀這些書籍，讓孩子透過圖畫書的角色和情境，去認識、思考怕輸的感受以及帶來的結果，藉此幫助自己在實際面對挫折時，能夠不怕失敗、再接再厲！

Q35 孩子不敢嘗試新的運動器材怎麼辦？

A 當孩子不敢嘗試新的器材時，大人可以先設身處地的想想，自己在面對沒嘗試過的事物時，是不是也需要時間上手呢？即使嘗試新的器材對大人很容易，但對孩子來說可能很困難，所以退縮是很正常的。請先同理孩子，幫助孩子從經驗中建立安全感，穩定情緒後，才能跨出第一步。

大人面對這種比較謹慎而不太敢嘗試的孩子，可以先帶他們觀察手足或其他玩伴玩的樣子，甚至是自己直接做給他們看，用遊玩時的開心氛圍來感染和驅動孩子。當孩子願意嘗試後，大人再從旁支持與鼓勵，提升孩子的安全感，幫助他們在身體力行中獲得成就感。有了興趣，後續就更容易啟動他們自發的嘗試練習。從另一個角度思考，即使孩子不敢挑戰新的器材，若能把已經擅長的器材駕馭得更好，對孩子來說也是件很棒的事。所以與其糾結在挑戰新器材，不如維持孩子運動的樂趣。

Q36 孩子不會自己盪秋千，怎麼引導他？

A 孩子不會自己盪秋千，大人可以觀察孩子是因為：掌握不到盪秋千的技巧？對於懸空擺盪感到害怕？還是只是習慣依賴？也有的孩子一心追求刺激，覺得大人推的力量比較大，所以不想自己盪。排除膽小、依賴或追求高度刺激等因素，從動作發展上來看，盪秋千需要人推，是因為孩子沒辦法用自身擺動的方式讓秋千動起來。

孩子要學會自主盪秋千，一開始還是需要人推來練習。大人可以先請孩子抓握好兩邊的鍊繩，坐好並挺直身體，稍微幫孩子後拉秋千並放手，讓孩子感受秋千每次擺盪的幅度。引導孩子盪出去時，身體挺直前傾，把腳伸直；盪回來時，身體後仰，腳彎起，透過練習來學習操控秋千。

如果原因是孩子過於依賴，大人可在日常中多讓孩子自主完成事情，並接受孩子看來尚未成功的學習歷程。當孩子在學盪秋千時，請肯定他在過程中的努力成果，例如：當孩子自己盪得更高或有記得把腳彎起來時，請鼓勵他已經做正確的地方，再給他足夠的示範，這次還沒成功，下次再來試試看。

如果孩子只是追求速度、高度刺激而仰賴大人，大人就要鼓勵孩子自己練習，從練習中創造成功的經驗，在成功經驗之上反覆疊加，肌肉自然就會產生身體記憶，孩子也會越盪越好，享受由自己操控所帶來的速度感和成就感。

國家圖書館出版品預行編目資料

愛運動的孩子更聰明! / 王宗騰著. -- 初版. -- 臺北市：
信誼基金出版社, 2023.09
196面；19×24公分
ISBN 978-986-161-720-6（平裝）
1.CST: 學前教育 2.CST: 幼兒遊戲 3.CST: 兒童發展
4.CST: 體育教學

523.23   112012006

愛運動的孩子更聰明！

作　　　者／王宗騰

總 編 輯／廖瑞文、王才婷

執行編輯／林昭吟、黃美湄、黃康玲、李緒柔

美術編輯／陳香君、羅玉枝

插　　畫／姚曉涵

生產管理／黃錫麟、黃淂和

發 行 人／張杏如

出　　版／信誼基金出版社

總 代 理／上誼文化實業股份有限公司

地　　址／臺北市重慶南路二段75號

電　　話／(02) 23211140

客戶服務／service@hsin-yi.org.tw

網　　址／http://www.hsin-yi.org.tw

定　　價／380元

2023年9月初版

ISBN／978-986-161-720-6

印刷／沈氏藝術印刷股份有限公司